"寻找中国制造隐形冠军丛书"编委会

主　任

　　陆燕荪　国家制造强国建设战略咨询委员会委员

副主任

　　屈贤明　国家制造强国建设战略咨询委员会委员、
　　　　　　高端装备制造业协会合作联盟专家指导委员会主任

委　员（按姓氏笔画排序）

　　王玲玲　吕亚臣　杨松岩　陈　曦　武　鹏
　　卓卫明　周　波　郑锦荣　秦　伟　顾志刚
　　徐　静　唐　波　谢柬华　薛　林　魏志强

XUNZHAO

ZHONGGUO ZHIZAO

YINXING

GUANJUN

寻找中国制造隐形冠军丛书编委会 编

魏志强　邱明杰 主编

通用机械卷

寻找
中国制造
Hidden Champion
隐形冠军

人民出版社

《寻找中国制造隐形冠军》（通用机械卷）编委会

编委会主任

    黄　鹂　　中国通用机械工业协会会长

顾　问

    隋永滨　　中国通用机械工业协会名誉会长

编　委（按姓氏笔画排序）

    王玲玲　刘学伟　孙　放　邱明杰

    宋银立　张　华　张雨豹　陈　曦

    武　鹏　秦　伟　徐建平　郭华侨

    智　强　焦健全　解　刚　黎光寿

总　序

　　隐形冠军这个概念源自于德国赫尔曼·西蒙（Hermann Simon）教授写的一本书，就是《隐形冠军：未来全球化的先锋》。这本书的中文版出版发行后，隐形冠军这个词很快就在中国流行开来。但很多人并不明白隐形冠军是什么意思，也不清楚隐形冠军在制造业中的地位和作用，所以，我们有必要首先搞清楚它的含义。

　　西蒙教授这本书的书名很耐人寻味，他把隐形冠军称作"未来全球化的先锋"。西蒙教授认为，经济全球化是人类社会发展的大趋势。他说："世界经济共同体是我对未来的称呼。"与大企业相比较，隐形冠军虽然企业规模不是那么大，但在西蒙教授的眼中，隐形冠军却是人类走向世界经济共同体的先锋。从西蒙教授的书中我们能够看到，德国这个世界制造强国，就是由隐形冠军企业铸就的。

　　为了准确地理解隐形冠军这个概念，我们用一个实际例子来说明其内涵。以菲尼克斯公司为例，这个公司生产的产品主要是配电柜里的接线端子，它生产的接线端子技术领先，质量可靠。一般人都知道西门子、ABB、施耐德这些世界著名的品牌，但并不知道它们所用的配电柜里的接线端子全部由菲尼克斯提供，像菲尼克斯这样的企业就是隐形冠军。为什么说它是"隐形"？因为它生产的产品不是整机，也就是说，不是一个独立的终端产品，只是产业链上某一个关键环节，从这个意义上来说，我们称其为"隐形"。隐形冠军在全球制造业现代化的进程中，即我们现在讲的数字化、网络化、智能化的进程中，在每条产业链里，它的地位绝对不可忽视。因为一个企业不可能什么都做，最终产品实际上都是组装起来的。关于这个问题，在"纪念沈鸿同志诞辰110周年"时，我写了《沈鸿质量思想对新时期机械工业质量工作的指导意义》一文，其中介绍了我国著名机械工程专家、原机械工业部副部长沈鸿同志在1979年2月23日写的文章《关于什么是先进机械产品的探讨》。沈老部长在他的文章中画了一张圆圈图，从品种、质量、成套、服务四个方面对"先进的机械产品"进行了清晰的界定和形象的描述。"先进的机械产品"就是从这个圈里出来的，最后形成的成套设备才是生产力。市场上成套设备的品牌广为人知，但在成套设备整个产业链的一些重要环节所用的关键零部件却不为人知，它们隐形于整机之中，生产这些产品的企业我们称之为隐形冠军。

在中国，主机厂和配套厂之间的关系不是单纯的买卖关系，而是一种协同创新的伙伴关系。如山东临工，它把专供其零配件的供应商叫作黄金供应商，山东临工帮助这些企业研发产品，而这些企业也就不再为其他厂家供货，成了山东临工的专门供应商。

从一条产业链来看，配套厂产品质量的可靠性必须达到主机厂信任的程度才可以。那么，配套厂怎样才能向主机厂证明其产品的可靠性呢？那就是配套厂的质量保证体系健全，产品一定要经过试验、认证，才能出厂。在这方面，沈老部长的思想非常重要，他认为，"可靠性是机械产品最主要的质量特征之一，一切产品都要通过试验方可出厂。"国家制造强国战略强调了产业质量技术基础的作用，而标准、计量、检测、试验、认证等是其主要技术支撑体系。

人们买东西通常倾向于购买品牌产品，这是品牌效应的结果，但是如果真正追究其背后的原因，一个品牌还是要包括许多质量指标的。这些指标的建立，就是建立标准，而标准是要统一的。我们现在有很多国家标准、行业标准，但事实上这些标准只是低水平的准入门槛。作为行业领袖的隐形冠军，一般都有远高于国标和行标的自己企业的标准。

比如，有一次我到北京 ABB 公司调研，在现场我询问陪同人员，质量指标究竟到了什么样的标准。这位陪同人员说，他们的标准完全符合中国国家标准和行业标准。我说我不是这意思，我是要问企业的标准。他就生产线上开关的例子回答了我的问题。他说，这个产品的指标，国标要求保证开断 1 万次无故障，但他们公司的控制指标是 3 万次，因此零部件的标准也都大大提高。我们现在要求产品符合国家标准，其实这是低标准，缺乏竞争力。我参加过很多国家标准、行业标准的制定，大家都讨价还价，最后标准的水平只能符合大多数的意见。所以，现在标准改革提倡企业标准，以树立企业品牌。

再如，在三峡工程中，我负责三峡工程机电设备的质量，三峡公司的制造质量标准，包括铸锻件质量标准，都远远高于同类国际标准，形成了我们自己的一套标准，现在外国公司给三峡公司提供产品都要遵从这套标准，三峡公司后来把它列为采购标准，现在又上升为电器行业协会的协会标准。这一系列的指标或标准，作为隐形冠军企业都应该具备。现在，国家制造强国战略中的强基工程就是要解决这个问题。

菲尼克斯是个典型隐形冠军企业，他们写了一部书，名字叫《面向中国制造2025的智造观》。他们把"制造"改为"智造"，其中包括数字化、网络化，特别强调精益生产。把精益生产纳入到智能制造环节很重要，很多企业忽略了这一点，只强调信息化是不够的。现在也有人提出精益化思维，我觉得生产和思维是不同的。精益生产是"Lean Production"的翻译词，我们要理解原词的含义。麻省理工学院教授写的《改造世界的机器》一书，对精益生产作了详细的阐述。它是从汽车行业推行的"准时化生产（JIS）"发展而形成的生产运行模式。汽车是大批量、流水线生产，在生产环节上不允许有多余的零件存放，它的目标是零库存，当然实际上很难做到，但是要尽量减少库存量，加快资金周转，以提高经济效益。菲尼克斯把精益生产纳入智能制造的内容，很值得研究、推广。

　　在制造业发达国家都有一个产业转移的现象，但我们看到，发达国家的产业转移是对产业链都做了详细规划的，他们转移的是中低端企业，而产业的整体链条还是在发达国家手中掌握。在这种情况下，中国企业可以收购外国企业，但是它的核心技术并未转移出本国。这也迫使中国企业必须加强自主创新。现在，我们国家也正在经历产业转移这个过程，所以，我们也要有一个像发达国家那样的规划，这个规划的关键包括了如何支持隐形冠军企业真正实现国产化的目标。做这样的规划要以企业为主体，但也要发挥政府的作用。

　　我们现在对大企业了解得多一些，对于隐形冠军，尤其是各地区的隐形冠军了解得还不是那么清楚。不清楚隐形冠军，实际上就是不清楚我们的产业链和世界制造强国比还有什么样的差距，也说不清楚我们的产业在世界上究竟处于什么样的水平。《孙子兵法》说："知己知彼，百战不殆。"我们编辑出版这套丛书，就是要搞清楚我国隐形冠军的状况，从而使我们能够制定出一套有效的产业政策，以促进隐形冠军的发展，加速"强基工程"的实施，实现中国制造由大变强。

　　从我们的现实情况来看，一个地区隐形冠军的培育和发展，离不开地方政府的支持。比如，在产业政策、经济金融等方面都需要地方政府制定出有利于隐形冠军企业发展的长效机制。再如，有些研发项目需要持续5年、8年，甚至10年，民营企业很难承受这种投资大、周期长、利润低的项目，这就需要政府的支持。中国最近提出要建立国家实验室，这对于建立长效创新机制有重大作用。

　　我们编辑出版的"寻找中国制造隐形冠军丛书"，将分行业卷和区域卷出版。我们希望各行业协会、地方政府能够对隐形冠军企业和这套丛书的编辑工作给予大力支持。

　　西蒙教授在他的书中把隐形冠军定义为"未来全球化的先锋"。今天，全球化的激烈竞争已不单是一个个企业的单打独斗，而是产业链的竞争，一个行业领军企业只是"冰山一角"，需要无数的供应商或协作方（包括服务类组织）等"隐形冠军"来支持和保障。中国制造要走出去，走全球化之路，必须打造我们完整的供应链和创新共同体，形成整体竞争优势。拥有这一整体竞争优势的前提，就是看我们能否培育和发展出一批隐形冠军企业。

　　因此，在这里我们呼吁社会各界支持中国隐形冠军的发展，关注并支持"寻找中国制造隐形冠军丛书"的出版。

陆燕荪

2017 年 10 月

目　录

序　言

隐形冠军的缘起

隐形冠军是一个定义企业的流行词，源于德国赫尔曼·西蒙（Hermann Simon）教授所著的《隐形冠军：未来全球化的先锋》一书。在这本书中，西蒙提出了隐形冠军企业的三个标准：

1.世界前三强的公司；

2.营业额低于 50 亿欧元；

3.不是众所周知。

满足这三个标准的企业，西蒙称之为隐形冠军。第一个标准标志着隐形冠军的市场地位，是指在一个细分市场中隐形冠军所占的市场份额。第二个标准是一个动态标准，2005 年，西蒙曾把它确定为 30 亿欧元。第三个标准是指不为消费者所周知。隐形冠军虽然在某个细分市场中为客户所熟知，但因它生产的是工业品、原材料等，不是终端消费品，所以，一般不为大众所周知。

西蒙认为，隐形冠军战略有两大支柱：第一个支柱是集中和深度。隐形冠军一般都在一个细分市场里长期精耕细作，并强调服务的深度。由于隐形冠军的业务都是集中在某个领域，所以，国内市场有限，这就产生了隐形冠军战略的另一个支柱，就是市场营销的全球化。因此，隐形冠军是"未来全球化的先锋"。

西蒙关于隐形冠军的思想对中国有很大的影响，例如，2016年我国发布的《制造业单项冠军企业培育提升专项行动实施方案》（以下简称《方案》），这里所说的单项冠军实际上就类似于西蒙定义的隐形冠军。

《方案》提出，制造业单项冠军企业是指长期专注于制造业某些特定细分产品市场，生产技术或工艺国际领先，单项产品市场占有率位居全球前列的企业。有专家指出："制造业单项冠军企业包含两方面内涵：一是单项，企业必须专注于目标市场，长期在相关领域精耕细作；二是冠军，要求企业应在相关细分领域中拥有冠军级的市场地位和技术实力。从这个意义上讲，单项冠军与德国赫尔曼·西蒙教授提出的'隐形冠军'概念是十分类似的。"

《方案》强调，制造业单项冠军企业是制造业创新发展的基石，实施制造业单项冠军企业培育提升专项行动，有利于贯彻落实国家制造强国战略，突破制造业关键重点领域，促进制造业迈向中高端，为实现制造强国战略目标提供有力支撑；有利于在全球范围内整合资源，占据全球产业链主导地位，提升制造业国际竞争力。

寻找中国制造的隐形冠军

我们在策划这套丛书时，首先碰到的问题就是如何界定和选择中国制造的隐形冠军。何谓"隐形"，隐在何处？何谓"冠军"，冠在哪里？在这些方面，本书吸收了《方案》和西蒙教授的思想，但也有不同。

一提起隐形冠军，很多人常常把它归结到单纯的制造领域，实则不然。"那种认为德语区的企业只是在机器制造领域保持技术领先的观点是错误的。我们在消费品和服务领域里，同样可以找到相当数量的说德语的世界市场的领导者。"西蒙说，"有超过 2/3 的隐形冠军（确切地说是 69%）活跃在工业领域。1/5 的隐形冠军涉及消费类产品，另有 1/9 属于服务业。"显然，西蒙认为，隐形冠军在机器制造、消费品和服务业三大领域。

隐形冠军不单单在机器制造领域，但西蒙说的三大领域也还有待细化和拓展。例如，服务业应主要指生产性服务业，消费品（包括耐用消费品）领域应指那些为终端产品提供配料、配件、原材料等的企业。因此，隐形冠军应主要在工业品、消费品、生产性服务业、原材料四个领域。隐形冠军生产的产品通常是"隐形"于终端产品或消费品之中的中间品，或生产工具（装备）、原材料，它是成就终端产品和消费品品牌不可或缺的关键因素。

在"冠军"的甄选方面，考虑到我们寻找的是中国制造隐形冠军，所以，除了排名世界前三的隐形冠军，本书还选入了一些在某一个细分市场居于中国前三的企业，或者有可能培育成为隐形冠军的企业。在市场地位方面，本书更强调隐形冠军对市场的引领和带动作用。

隐形冠军企业的成功模式和发展战略

我们在隐形冠军的调研中，发现中国的隐形冠军与德国的隐形冠军有诸多不同，它们有自己独特的成功模式和发展战略。

首先，中国的隐形冠军都在探索适合自己发展的企业组织形式。德国隐形冠军主要是家族企业，很多有百年以上的历史。中国的隐形冠军绝大多数产生在改革开放之后，没有德国隐形冠军的悠久历史，要想追赶上制造强国的隐形冠军，在企业组织形式上就不能拘泥于家族企业，而是要选择更适合自己发展的企业组织形式。例如，我们在嘉兴调研时，发现很多企业就是从家族企业转变成为上市公司，一些没上市的隐形冠军也在筹划上市。这次在通用机械行业调研时，我们又发现，很多隐形冠军是国有企业。这些实际情况说明，家族企业并不是隐形冠军可选择的唯一组织形式，中国隐形冠军根据实际情况确定适合自己的组织形式，这是正确的选择。

其次，中国的隐形冠军有自己对创新的理解。创新是从国外引进的概念，在英语世界里，科学成果叫发现，技术进步叫发明，企业研发、生产、经营管理的成果才叫创新。创新是一种企业满足市场需求的商业行为。我们调研的隐形冠军说明，企业的创新确实都是有商业价值的创新，都是为了更好地满足客户需求的创新。例如，《寻找中国制造隐形冠军》（嘉兴卷）中的浙江京马电机公司，它的创新是集中在产品性能的提高上，强调产品效率、温升、噪音、振动、功率等指标的不断改进。这里面的每一项创新都和产品有关，都和市场需求有关，都和企业的盈亏有关，这一点不同于科学发现和技术发明。本书沈鼓集团生产的往复式压缩机和中核科技生产的主蒸汽隔离阀，前者是引进消化吸收再创新的经典之作，后者是突破国外技术封锁实现自主设计和制造的标志性产品，两者都打破了国外对中国市场的垄断。这些案例说明，企业创新不同于科学发现，也不同于没有商业目的的技术发明。因此，准确地把握发现、发明、创新这些基本概念，科学家才能专注于发现，技术专家才能专注于发明，企业家才能专注于创新，隐形冠军才能做好自己的产品。

再次，中国的隐形冠军在全球化中平衡自己的发展战略。在全球化过程中很多人看到的是"世界是平的"，例如，托马斯·弗里德曼出版专著《世界是平的》。他看到的是遍布世界的麦当劳、星巴克、好莱坞电影以及在谷歌上网等。但也有与他不同的观点认为，世界不完全是平的，它有国界、文化差异、价值观冲突等。这说明世界还没有那么平。隐形冠军应在这样一个全球化过程中找到标准化和差异化的平衡。《寻找中国制造隐形冠军》（嘉兴卷）的闻泰科技是一家全球最大的手机原始设计制造商（ODM），它有自己出方案的业务，也有代工业务，前者需要差异化，后者需要标准化。闻泰科技对差异化和标准化业务发展有比较好的平衡。由此引申出另外一个问题，就是市场地位如何体现？是按标准化去做量，还是按差异化去满足个性化需求？这也是对隐形冠军的挑战。关于这一点，我们赞同西蒙的观点，即隐形冠军的市场地位更应从引领市场理解。引领市场的维度包括确定方向、制定标准、超越客户等。本书甄选的隐形冠军，大部分都是重大技术装备国产化的先锋企业，他们在引领行业发展方向、制定标准等方面都发挥了重要作用。

还有，我们发现中国制造隐形冠军有明显的区域集群发展的特征。例如，在长三角、珠三角的一些城市就有集中产生隐形冠军的现象，形成了一个个隐形冠军区域集群。这不同于产业集群，它的产业关联性并不像产业集群那样大，有的甚至没什么关联性。他们除了在某个细分市场有举足轻重的地位之外，对地方经济发展也有引领和带动作用。为什么这些区域能产生隐形冠军企业集群？主要是企业家精神和工匠精神使然。这种现象给我们留下了一个需要继续探究的问题，那就是他们的企业家精神和工匠精神是怎么培育出来的？

随着本丛书工作在更多城市和行业的展开，我们将进一步丰富有关中国制造隐形冠军成功模式和发展战略的研究成果。

中国制造需要更多的隐形冠军

根据西蒙的统计，全球隐形冠军企业共 2734 个，其中德国有 1307 个，几乎占了一半，中国只有 68 家，远低于德国。从每百万居民的隐形冠军数量看，德国为 16，中国仅为 0.1，与德国的差距更大。

隐形冠军是决定一国制造业是否强大的基石。从拥有隐形冠军企业的数量上来看，中国要实现制造强国战略还任重而道远。不过由于中国正处于隐形冠军发展的初期阶段，西蒙预测，"可以想象，中国的隐形冠军数量将在未来 10—20 年里大幅增加。"

国家制造强国战略提出，到 2025 年中国要进入世界制造强国方阵，制造业达到德国和日本的水平。但从隐形冠军这项关键指标来看，中国制造整体赶超德国和日本制造的任务还是非常之重。

不过，如果我们把隐形冠军所在领域像西蒙那样从机器制造领域拓展开来，把它确定在工业品、消费品、原材料、服务业四大领域，到了 2025 年，或许我们就会有理由更加乐观一些。《寻找中国制造隐形冠军》（嘉兴卷）选入了 26 个隐形冠军，本书选入了 24 个隐形冠军。在中国，像嘉兴那样的城市，甚至比嘉兴制造业更发达的城市还有很多，这些城市会孕育出更多的隐形冠军。从行业的角度来看，仅装备制造业的产品就分为 7 个大类，185 个小类，其隐形冠军也有待于深入挖掘。

党的十九大报告中指出："中国特色社会主义进入新时代，我国社会主要矛盾已经转化为人民日益增长的美好生活需要和不平衡不充分的发展之间的矛盾。"毫无疑问，隐形冠军是解决中国经济发展"不平衡不充分"问题的主要力量，我们需要更多地培育隐形冠军。

本丛书的编写和出版

"寻找中国制造隐形冠军丛书"的编写工作始于 2017 年的春季，我们计划用四至五年的时间完成 30 卷的编写工作。本丛书按区域和行业寻找中国制造隐形冠军，每一卷选入 25 家左右隐形冠军企业。

"寻找中国制造隐形冠军丛书"的开篇之作是《寻找中国制造隐形冠军》（嘉兴卷），已于 2017 年年底正式出版。现在面世的《寻找中国制造隐形冠军》（通用机械卷），是行业卷的第一本。

作者在《寻找中国制造隐形冠军》（通用机械卷）的调研和写作中，得到了中国通用机械工业协会的大力支持，在此我们对中国通用机械工业协会深表谢意！

我们还要感谢人民出版社通识分社对"寻找中国制造隐形冠军丛书"出版工作的支持，同时向付出辛勤劳动的编辑和其他工作人员致以深深的谢意！

这套丛书每一卷都是由工业专家和记者在对企业进行深入调研

和采访的基础上，由记者执笔而完成的。我们想要做到既有新闻写作的通俗易懂，又有专业写作的深度。但因时间仓促、水平有限，难免有不足之处，敬乞读者不吝指教。

"寻找中国制造隐形冠军丛书"写作组

2018 年 7 月 6 日

前　言

　　自从德国管理大师赫尔曼·西蒙提出"隐形冠军企业"概念以来，引发了我国许多部门、企业和专家学者的很多思考。我多次去德国考察机械制造业，既有西门子、曼等世界五百强企业，也有许多中小型企业，甚至一些小型家族企业。给我感触很深的是，虽然这些企业规模不是很大，甚至未必和工业 4.0、智能制造挂上钩，但其技术和产品绝对是世界一流的，在某一个专业领域的市场占有率是世界数一数二的，全世界的客户都以订购这些企业的产品为最佳选择。

　　由中国通用机械工业协会组织策划的《寻找中国制造隐形冠军》（通用机械卷）一书正式出版发行了，我们试图在通用机械制造业寻找和挖掘一批有点代表性的、称得上"隐形冠军"的企业，并希望在此基础上进一步总结交流，引导和培育更多的"隐形冠军"。

　　通用机械是中国机械制造业的重要组成部分，包括泵、风机、压缩机、阀门、空分设备、真空设备、分离机械、干燥设备和减变速机等 12 个分行业。其产品广泛应用在电力、石油化工、冶金等国民经济各部门和基础设施建设。既有功率达 7 万千瓦的大型透平压缩机、10 万立方米的大型空分成套装置、天然气长输管线电驱和燃机驱动管线压缩机以及百万千瓦核电站核主泵等国之重器，也有量大面广的一般通用机械和重大装备配套的产品及关键零部件。

改革开放 40 年来，特别是进入新世纪，通过深化改革，消化吸收、自主创新和技术改造，通用机械行业基本形成了较完整的制造体系，技术进步步伐明显加快，产品设计制造水平和国际竞争力有了很大提高，在很大程度上满足了千万吨炼油、百万吨乙烯、400 万吨煤制油、百万千瓦超超临界火电、百万千瓦核电及天然气长输管线等国家重大工程对通用机械的需要，一批重大技术创新成果和新产品达到国外先进水平，出口产品向中高端和工程成套转变。

通用机械中风机、泵和压缩机等又是耗能高、量大面广的产品，拥有巨大的社会保有量，其耗电量大约占全社会用电量的40%，发展、推广节能产品对产业升级、实现国民经济绿色发展有着重要意义。

2017 年全国通用机械行业规模以上企业销售收入近万亿元，其中近 2/3 来自民营企业。民营经济不仅在经济总量上有重要地位，而且在企业规模、创新能力、产品水平、市场占有率及企业管理等各方面都达到了很高水平。特别是在国家重大技术装备配套产品、高效节能产品和专精特产品等方面走在了行业前列，有些达到国际先进水平。也许这些企业和产品在机械制造业中没有显赫的名声，但它们却是国民经济发展、基础设施建设和国防建设，以及人民生活中不可或缺的一部分。

本书介绍了 24 家不同类型的企业，覆盖了风机、泵、阀门、压缩机、真空设备、分离机械及配套仪表、密封等9个行业。他们都是各个行业的佼佼者，都各有特点和专长，都在各个领域为行业、为国家的发展默默地贡献自己的智慧和力量。这当中有生产系列往复式气体压缩机的厂家，其活塞力达到了150吨的世界最高水平，解决了炼油厂装置大型化、装备大型化的技术难题；有核电站核级泵阀的生产厂家，核级泵阀虽然是核电站的配套产品，但却是关系核电站安全运行的关键，由于这些企业的存在，打破了少数国家的市场垄断，为我国自主发展核电创造了条件；这里还有为核电、超超临界火电和石油化工等重大技术装备配套密封件的生产企业，一个看来并不复杂的密封环，却是保证许多重大装备实现无泄漏的关键部件，南方一家密封件专业生产厂家突破了核电站核岛压力容器密封环的关键技术，改变了外国公司长期独占我国核电站密封件市场的局面。

作为行业发展的见证者与推动者，中国通用机械工业协会始终以促进行业振兴与发展为己任，一直致力于发挥企业和政府联系的桥梁纽带作用，努力帮助企业营造更好的发展与创新环境。

我们希望通过本书的出版，能让全社会更多地了解通用机械制造业，让"隐形冠军企业"走到前台，激励我们不忘初心，牢记使命，砥砺奋进！

中国通用机械工业协会会长

2018年6月

沈鼓
SBW

第一篇

沈鼓集团：往复压缩机进口的终结者

张 华

从零到有，从初期引进、消化、吸收到后期的不断创新，从实现国内首台（套）零的突破，到逐步叫板国外产品，最后实现对进口产品的完全替代、碾压，沈鼓工艺往复式压缩机教科书式的完美逆袭，堪称业界在引进吸收创新路上的又一典范之作。

20世纪90年代之前，国内工艺往复压缩机的市场几乎被国外企业产品所垄断，但是进入90年代后，随着沈鼓往复压缩机的杀入，这个市场开始有了中国企业的身影，此后随着以沈鼓往复压缩机为"带头大哥"的国内压缩机企业的群起发力，其产品技术的不断完善与创新，国内外产品的市场份额开始逐渐发生变化，现如今，国内工艺往复压缩机的市场已经基本被国内企业所占领。

二十年的时间里，攻守异势，形式迥异。到底发生了什么，让沈鼓往复压缩机实现如此完美的逆袭？"大家都在提引进消化吸收，但实际做起来非常困难。"亲身经历并见证这一变化的沈鼓往复压缩机事业部总经理吴丰对此感触颇多，"这其中有很多东西需要我们慢慢去理解和消化，绝非是图纸的照搬照抄，但无论过程多么曲折、艰辛，至少我们可以自豪地说'沈鼓往复压缩机做到了。'"

沈鼓往复压缩机的前世今生

据了解，新中国在成立前几乎没有压缩机这个产品，如有需要也都是进口国外的。新中国成立后，国家意识到压缩机的重要性，于是特别建了几个压缩机重点企业。"当时是空气压缩机，还不是气体压缩机。"吴丰介绍说，"沈阳空气压缩机厂就是最早一批国家重点建设的压缩机厂之一。"

此后沈阳空气压缩机厂又更名为沈阳气体压缩机厂并沿用多年，直到2004年左右，考虑到企业自身经营状况尤其是市场发展，

包括沈阳气体压缩机厂（以下简称"沈气"）、沈阳水泵厂、沈阳鼓风机有限公司在内的多家制造企业进行了并购重组，成立沈阳鼓风机集团股份有限公司（以下简称"沈鼓集团"），原沈气的业务演变为沈鼓集团的一个单独产品分支即沈鼓往复压缩机。

"虽然此前沈鼓往复压缩机仅是以事业部的身份出现，但业务是相对独立的。"吴丰对此解释说，"而且作为沈鼓集团第一批改革试点，沈鼓往复压缩机即将以独立公司的身份出现在市场上。"其实不管公司的名字有何变化，沈鼓往复压缩机的业务一直聚焦在压缩机这个专业领域，从初期最简单的 10 立方米、20 立方米的空气压缩机系列到后来的高压风压机再到后期工艺压缩机，直到近期称霸业界的 4M150 工艺往复压缩机，沈鼓往复压缩机从其前身沈阳空气压缩机厂建厂之日起就以自身行动一直践行着这样一个发展承诺：坚持专业、不忘初心、不负所托。

从零开始

1950 年沈阳空气压缩机厂（以下简称"沈空"）成立之初，俨然就是在一张白纸上起笔，去勾勒压缩机产品的宏伟蓝图。

"当初真是从零开始，因为没有任何资料、经验可以借鉴，所以只能从测绘、仿制开始。"沈鼓往复压缩机总工孟文惠引用《沈气厂志》的资料记载介绍说，"后来借助于苏联的短期援建帮助，有了一些图纸，也就是早期的 M 型空气压缩机的雏形。"

从最初的 10 立方米、20 立方米的空气压缩机，到在此基础之上突破研制出 100 立方米的空气压缩机，那个时代的 M 型空气压缩机，虽然放到现在来看早已过时，市场上很难再看到它们的影子，但放在当时也是红极一时的产品。从无到有再到不断创新的喜悦与责任鼓舞着不断向前的沈空人。

时针走到 20 世纪 70 年代，空气压缩机已经普及，但此时市场上开始出现工艺压缩机的身影，当然也是进口的设备。"工艺压缩机的兴起要得益于化工行业的发展，尤以石油化工和煤化工最为显著。"吴丰介绍说，"当时国内压缩机领域有三个主要研发代表人物，分别是西安交通大学石华鑫教授、原沈空总工程师陈克明和原上海压缩机厂刘定邦总工程师，三人被誉为当时中国压缩机技术研发的'三驾马车'。"

也正是这"三驾马车"的不懈努力，构建了国内压缩机的首个框架体系。而当时的沈空在陈总工的带领下设计制造的往复活塞式压缩机虽然与现在的产品相比显得粗笨了很多，但是在当时具有相当的战略意义，编制的设计手册尤其是陈总工超前的设计理念在此后很长一段时间里都让沈空乃至压缩机业界同人受益。

即便如此，在当时空气压缩机依旧占据着市场主流，工艺压缩机只有很少的市场份额，而这显然与国内化工行业的发展有着重要的联系。到了 20 世纪 80 年代中后期，国内化工行业发展迅速，市场对于工艺压缩机的需求剧增。"随着空气压缩机市场的逐渐萎缩，而且竞争也越来越激烈，沈气也进行了相应的战略调整，就是从初期的空气压缩机市场转向工艺压缩机为主。"吴丰坦言，"可以说从此拉开了工艺往复压缩机的大幕，吹响了往复压缩机国产化的号角"。

引进消化吸收路漫漫其修远兮

如果说早期的压缩机设计生产是靠测绘、仿制的话，那么 20

世纪 80 年代后期，沈气开始其工艺往复压缩机之路，则是典型的引进消化吸收而后创新的成功案例。

在 1984 年年底的时候，当时的沈气与德国博尔齐格（BORSIG）达成合作意向，引入了其成套工艺压缩机技术，主要目的既是为了符合沈气向工艺压缩机战略转移的要求，同时更是为了服务快速发展的国内化工行业。

"引进看似容易，但做到消化吸收就不那么简单了，在这个过程中，图纸真不是最重要的，而如何领会设计理念、解决实际问题才是最关键的。"吴丰对此感触颇深。在沈气之后国内企业与国外合资或者引进技术的不在少数，但是真正做好消化吸收的却为数不多，后面的创新更是无从谈起，很多项目就此夭折，败就败在了对图纸的照搬照抄，不能灵活掌握所以解决实际问题的能力欠缺。那么，当时的沈气又是怎么做的呢？

据了解，当时沈气前后派了三批技术工程人员前去德国进行技术培训，每批都有十几个人，至少待三个月，从基本的设计理念一直到最后如何生成图纸，德方都会有相应的专业技术人员对沈气前去学习的技术人员进行专业、系统的培训。"深入其中你才能体会到，如何画图或者照图生产都不是关键，关键是如何掌握设计与生产的这套系统方法。"吴丰也是当年曾经前去德国接受培训的工程师之一。这其中因为语言、文化、技术背景等诸多差异而带来的困难可想而知。

怀揣使命与责任、肩负企业与国家的希望的沈气工程师们怎会在乎这些困难？"语言不通就自学，计算机程序太大就将其肢解成一个一个小程序。"为了不负所托，沈气人可谓殚精竭虑，"你很难想象当时我们吃了多少苦，付出了多少心血。"吴丰直言，"即便是这样，回国后在我们自己主导设计研发的时候依旧有很多'水土不服'的问题出现。"这其中有很多是跟当时国内的整体制造环境相关联的，比如说因为钢材型号、质量的差异导致断轴、断板的出现，但这些因素反过来又进一步助推了沈气往复压缩机国产化的进程。

"在正确道路上的失败，成功亦未远。"

经历了长时间的学习消化吸收，以及实验失败、小有成就等一系列事件后，沈气终于迎来了其在工艺往复压缩机国产史上的重要一刻。

4M50 一鸣惊人

1990 年，沈气成功接下了镇海石化大型炼油装置中大型新氢压缩机的订单，此后两年多的时间里，沈气为该项目设计研发了 4M50 型新氢压缩机并于 1993 年交付使用，且一次通过鉴定。沈气研发的这款 4M50 型新氢压缩机进口流量达到 20850 纳米，进出口压力达到 1.096/18.86 兆帕，轴功率达到 2758 千瓦。消息传出后，震惊业界。

"4M50 型新氢压缩机是当时国内首台（套）大型往复压缩机，属于我国化工行业内国产化的里程碑事件，其影响重大。"孟文惠表示，"虽然此前在小规格型号往复压缩机方面沈气已经比较成熟，但是进军如此大规格的领域尚属首次。"

镇海石化项目 4M50 型新氢压缩机的成功研制不仅肯定了沈气在大型工艺往复压缩机的能力，同时也鼓舞了沈气向着更高的目标不断进军。

一路高歌猛进

在镇海石化 4M50 项目成功之后，沈气并没有躺在成功的温床上沾沾自喜，反而更加深入研究设备的不足之处并予以改进。"4M50 新氢压缩机是我们首次进军大型压缩机市场的产品，当时为了设备的可靠性，在很多细节设计上采用了加厚、加固，设备看起来有些'蠢'，后期安装维修也不是那么理想。"吴丰回忆说，"但是因为掌握了设计方法，这些曾经的不足就转变成了我们前进道路上宝贵的经验。"

紧接着在 1996 年沈气又承接了茂名石化加氢量产 200 万吨／年渣油的一套装置。因为此前的 50 吨的活塞力并不能满足其流量规模和

沈鼓集团

压力差，于是沈气根据其工程需要，为其设计了 80 吨推力的产品方案，于 1998 年完成 4M80 型新氢压缩机的交付验收，再次获得成功。

此后在将近 10 年的时间里，已经更名为沈鼓往复压缩机的沈气，在大型工艺往复压缩机市场一路攻城略地，连同国内其他企业一起发力迫使国外同类产品逐步放弃对中国市场的争夺。但是 80 吨以上的产品诸如 125 吨和 250 吨超大型机组方面，却只有美国、德国等极少数公司可以生产，可以说这些极少数公司处于国际市场的垄断位置。一方面是 80 吨及以下产品的市场竞争日趋激烈，一方面是 80 吨以上超大型产品的市场难以企及，残酷的现实再次激发了沈鼓往复压缩机人的斗志和情怀。

从 2008 年为金陵石化设计的 2D125 大型压缩机组，到为长岭石化分公司 170 万吨 / 年渣油加氢项目研发的 4M125 大型往复压缩机，再到后来为泉州石化设计的 4M150 系列机组的成功交付使用，让世界超大型工艺往复压缩机组的阵列里从此多了"中国沈鼓往复压缩机"的名字。4M150 系列机组试车现场，作为用户代表的泉州石化副总经理余胜利禁不住激动地说："沈鼓人了不起，敢于战胜任何困难，为振兴民族装备制造业扬眉吐气！"

从 2D125，到 4M125，再到 4M150，这决不是简单的数字变化，而是不断地向超大型机组挑战，是开创历史新篇章的跨越。既然是打造世界级精品的再出发，就只能"加速度大推力"前进，决不退缩。"这就是沈鼓人的追求！"吴丰的话掷地有声。

未来依旧可期

现如今在国内炼油行业用 125 吨推力及以上往复压缩机市场，

沈鼓往复压缩机占有近乎垄断的优势，虽然其往复压缩机产品主要服务于石油化工、煤化工两大领域，产品机型除缺少超高压系列等少数应用外，几乎全部覆盖，是行业中产品系列最完善的企业。

"这么多年来，沈鼓往复压缩机能牢牢占据市场，不受国外企业制约，最为主要的是我们的研发能力和自主创新能力。"对此吴丰颇为自豪，"沈鼓往复压缩机得胜于自主创新，在自主创新中不停顿地前进、不停顿地进步、不停顿地追踪国际先进技术。"

坚持创新的沈鼓往复压缩机显然不会固步于此，据介绍，在接下来的几年，沈鼓往复压缩机会继续紧跟国际上行业技术发展潮流，保持大型工艺流程用往复压缩机在国内的技术领先地位，在国家重点工程和高端客户群中确保国内产品至高的市场占有率。与此同时也会在容积式压缩机的领域内不断发力，不断增加新品种，即完善工艺用往复机系列，开发高速往复压缩机，开发迷宫式压缩机，等等。

曾有业界人士如此评价沈鼓往复压缩机说：只要他们研发出某种新型设备，外企在中国相应市场的垄断就会瓦解，甚至被赶出中国市场。面对接下来沈鼓往复压缩机瞄准的新产品市场，是否依旧会上演这样的奇迹，我们拭目以待。

第二篇

杭氧集团：空分领域的跟随者变成引领者

黎光寿

　　"全世界就公认中国这几年在能源技术方面有了突飞猛进的发展，已经是世界上重要的能源生产国和消费国，同时也是重要的能源技术装备的生产国，为什么发展这么快，世界上很多国家都在研究，也希望中国分享这方面的经验。"在 2018 年 3 月 1 日播出的《大国重器》第二季第四集《造血通脉》中，国家发展改革委原副主任张国宝如是说。

　　中国强大的能源装备制造及保障能力，是中国能源技术突飞猛进发展的根本原因。在这一集纪录片里，就记载了神华宁煤 400 万吨 / 年煤炭间接液化项目现场，杭州制氧机集团有限公司（以下简称"杭氧"）6 套 10 万等级空分设备与国外空分巨头同台竞技的故事，杭氧的空分装置创造了 99.87% 的氧气纯度，远超 99.6% 的行业平均水平。

　　氧气是工业的血液，一个工业大国崛起的标志之一，就是自己能生产这些"造血"的机器设备，为工业体系提供造血功能，保障工业体系在运转的时候不因失血而停摆。杭氧十万等级空分设备的研制成功，打破了国外企业在该领域的垄断，填补了国内空白。

虚心地做一回跟随者

回顾历史，杭氧的发展伴随着 20 世纪中国的命运动荡沉浮。1917 年，在杭州，浙江陆军一师的军械修理工场悄然开张，播下了一颗中国工业的种子。这就是杭氧的前身。

新中国成立后，国民经济百废待兴，机械制造、冶金、化肥和空军等领域对制氧机的需求十分迫切，以美国为首的西方正在朝鲜战场跟中国较量。浙江铁工厂此时做了成立以来的第一次重大转

型，选择成为生产制氧机的企业，为新中国的国民经济恢复打基础担责任。在苏联专家帮助下，浙江铁工厂 1956 年生产出了新中国第一台 30 立方米 / 小时制氧机，氧气纯度达到 99.2%。

后来，浙江铁工厂改名为杭州制氧机厂，在制氧机行业一直引领着国内的技术进步和大型制氧机的潮流，杭氧每前进一小步，就意味着中国的工业生产能力提升一大步。到 1966 年，杭氧生产的制氧机朝着 6000 立方米 / 小时以上的大型化方向发展，可十年"文革"延缓了杭氧的继续进步，生产出的设备无法使用，多数报废，导致客户损失惨重，意见很大。

改革开放让中国人看到了与世界先进水平的差距，在国民经济发展的重点领域，20 世纪 80 年代以引进为主，国产设备少有人问津。当时的杭氧厂长、总设计师等将自己生产的 10000 立方米 / 小时空分设备和世界空分设备鼻祖德国林德集团的同规格设备相比，发现杭氧设备报价尽管比林德设备低 700 多万元，但年耗电量比林德产品多 1600 万度。于是杭氧派人到林德学习，引进林德技术，提高生产效率，逐渐满足了市场需求。

据介绍，自此的 30 多年来，杭氧历经引进、消化、吸收和自主创新与国产化攻关，已经掌握了各等级大型和特大型空分设备的设计、制造、成套技术，并已生产了 4000 多套空分设备，广泛应用于石油、化工、冶金和现代煤化工领域，得到国内外用户的普遍认可和好评。尤其是 8 万以上等级空分设备的成功开发，显示了杭氧在特大型空分设备方面参与国际竞争的能力和实力。

在 2013 年以前，中国 10 万等级以上的大型空分装置主要依赖进口，主要的设备提供商就是德国林德集团、法国液化空气集团和美国空气产品公司，三家公司又以德国林德规模最大、历史最悠久。"中国的空分设备制造一直在追赶国际最先进水平，但国外公司总是用等级门槛压我们一头。我们能做3万等级，他们就做6万等级；我们能做6万等级，他们就做8万等级……"杭氧董事长蒋明一次面向媒体说，在承接国内大型项目上，一直以来杭氧没有业绩，难以拿到订单。

终于，杭氧的机会来了——2013年4月26日，杭氧与神华宁煤签订6套10万等级空分设备合同。"神华宁煤10万等级空分项目给了重大装备国产化一个难得的机遇，这个机遇如果错过了，我们的追赶目标将更加遥不可及。"蒋明说。

怎样才能胜蓝为青？

神华宁煤400万吨/年煤炭间接液化示范项目就是我们常说的"煤变油"项目，是国家"十二五"期间重点建设的煤炭深加工示范项目。项目空分装置集群由12套10万等级的空分装置组成，是目前亚洲单套生产能力最大的空分装置。在此项目之前，杭氧仅有宝钢6万等级空分设备的案例，但国外企业制造的8万等级、10万等级空分设备早已投入运行。

2010年至2011年两年中，国家能源局多次组织项目单位和制造企业国产化方案的认证审查。中国机械工业联合会牵头组织多次技术论证，提出了可行的实施方案。"中国企业从未造过10万等级空分设备，选择国外设备可以理解。但经过调研认证，10万等级空分设备国产化具有可行性，希望神华宁煤能给中国企业一个平等的机会参与这次招标。"国家能源局科技装备司原副司长黄鹂说。

2012年1月，杭氧投资的广西杭氧气体公司准备上马6万等级空分设备，此时距离神华宁煤招标仅剩一年时间。这一项目计划报上来，杭氧管理层反复研究、开会讨论，最终作出了一个今天看来都对中国制造至关重要的决策：广西杭氧气体公司项目直接上已完成技术储备的8万等级空分。该决定让杭氧在规模上有了与国际公司同台竞标的资本。

对神华宁煤来说，使用国外巨头的设备更保险——万一不成功，也只能说明当今世界空分设备的发展水平尚不足以支撑规模如此庞大的项目。2012年5月，神华宁煤来杭氧进行招标前的最后一次调研。讨论现场，神华宁煤出于支持国产装备的考虑，提出从12套设备中拿出2套给杭氧试试。对神华宁煤来说，这是最稳妥的方案，即使不成功，也不至于影响整个项目的运行。

2012年，杭氧制定了32套流程方案，从技术论证到沙盘推演，研究团队夜以继日进行论证。戈壁天气恶劣，为确保项目安全，神华宁煤请来国际第三方咨询公司做煤化工项目的整体布置方案。杭氧空分设计研究院院长韩一松发现这个整体布置方案有缺陷："没有考虑到未来环境变化对设备的影响，解决不好将导致设备无法运行。这是国家的大项目，不能有一点纰漏。"

在后来的北京论证会上，韩一松带着研究出来的未来污染物对设备的影响分析报告对国外咨询公司的方案提出质疑，引起神华宁煤高度重视。吴丰表示，"最终，国外咨询公司的前期方案被推翻，在报告的影响下，新方案最大程度地避免了因设计缺陷带来的后期运行问题，在国际上这种方法都是首次。"杭氧凭借这份报告，拿到了神华宁煤6套10万等级空分设备设计、供货和服务合同。

神华宁煤10万等级空分设备项目中，杭氧为实现超越，采用了大量数据分析方法，对近10年来投产运行的上百套空分设备进

杭氧制造的神华宁煤 10 万等级空分设备

行分析研究，实现了一系列关键技术及装备的创新，包括 10 万等级特大型空分工艺包和成套集成关键技术、自动变负荷先进控制技术、特大型径向流分子筛吸附器等，获得专利 23 项，其中发明专利 18 项，在体系上也进一步完善了开发国际领先 10 万等级空分装置的技术路径。

2017 年 3 月 15 日，第一套神华宁煤杭氧 10 万等级空分成功出氧，实时数据显示，氧纯度达到 99.6％，氮纯度达到 99.999％，且系统运行稳定。8 月 25 日，杭氧研发的 6 套空分设备全部投入运行，能耗指标达到国际领先水平。8 月 27 日，最后一套 11 号空分装置完美送氧。

2017 年 8 月 25 日，中国机械工业联合会与中国通用机械工业协会对杭氧研制的国产 10 万等级空分装置进行工业运行评审。评审专家组认为，国产 10 万等级空分装置填补了国内空白，打破了国外对特大型空分装置的垄断，是我国重大装备国产化的又一突破，其主要技术性能达到国外同类装置和产品的先进水平，杭氧具备批量生产 10 万等级空分装置的条件，建议尽快推广使用。

经过一年安全稳定运行，2018 年 4 月 18 日至 19 日，杭氧 10 万等级空分设备再次迎来"大考"——中国机械工业联合会与中国通用机械工业协会组织的技术鉴定，与会 11 位国内空分设备领域专家一致认为，杭氧 10 万等级空分设备总体技术达到"国际领先"水平，成果推广应用已经取得了显著的经济效益和社会效益，可满足大型煤化工、石油化工、冶金等领域的需求。

用换热器技术撬动乙烯冷箱

空分设备的工作原理，就是利用不同气体的沸点不同进行分离，在零下 183 摄氏度的时候，氧气会凝结成液体；在零下 185.7 摄氏度的时候，氩气会凝结成液体；而在零下 195.8 摄氏度的时候，氮气会凝结成液体。因此，要把常温的空气降低到足以使空气液化分离的温度，核心设备之一是铝制板翅式换热器。

铝制板翅式换热器是由传热翅片、隔板等元件经 600 摄氏度左右高温一体钎焊而成，翅片有波纹、锯齿等多种形式，翅片上有精心设计的孔洞。铝制板翅式换热器是大型空分设备中的核心部机，是目前世界深冷装备领域竞争的技术高地，过去中国在这一块是短板，主要被国外企业垄断。2016 年 10 月，杭氧制造的 12.8 兆帕铝制高压板翅式换热器研制成功，达到国际先进水平，成为关键部机国产化示范的应用典范，为特大型空分设备、乙烯冷箱等深冷装备实现 100% 国产化奠定了基础。

20 世纪 70 年代初期，杭氧通过技术攻关、完善工艺设备等方式，完全掌握了包括翅片成型技术、钎焊技术及检验方法在内的一整套铝制板翅式换热器制造工艺技术，使铝制板翅式换热器的质量符合了用户使用要求，也打破了国外的技术封锁。90 年代，杭氧通过引进消化吸收美国制造工艺技术后，开始生产接近世界水平的板翅式换热器。铝制板翅式换热器生产得到了飞速发展，还将铝制板翅式换热器的应用扩展到乙烯冷箱上，让中国又增加了一项大国利器。

乙烯冷箱是制作乙烯必需的关键部件，曾是国家重点攻关项目，也是中石化"九五"期间的攻关项目之一。在"九五"之前，中国大地上的乙烯冷箱完全靠进口，杭氧只是利用自己的技术优势帮助国内外一些企业提供乙烯冷箱的维修和维护服务，其中需要维修最多的，就是铝制板翅式换热器。

20 世纪 90 年代，在与住友、查特（CHART）等国际巨头的竞争中，杭氧中标了北京燕山石化的 66 万吨 / 年乙烯冷箱项目。该项目 2001 年一次开车成功。很快，扬子石化、天津联化、金山石化、齐鲁石化、茂名石化等国内多个乙烯扩能改造项目找上门，杭氧集团的设计制造能力也迅速从当初的 66 万吨 / 年等级提升到后来的 100 万吨 / 年的等级。

杭氧内部人士认为，中国 20 世纪 80 年代到 90 年代引进的乙烯冷箱目前已经进入存量市场时代了，本身就存在着强烈的升级换代的要求，杭氧的乙烯冷箱业务现在已经是亚洲地区第一，"现在的乙烯项目主要在中国"，乙烯冷箱拥有巨大的市场空间。

杭氧的乙烯冷箱项目还获得了埃克森美孚集团的青睐——在福建联合石化项目上，埃克森美孚原先的供货商不仅报价极高，且长达两年的交货时间也让埃克森美孚公司失望，在中石化力荐下，埃克森美孚才抱着试一试的态度对杭氧集团进行技术方案的论证。结果埃克森美孚公司认可杭氧，并将其纳入自己的供应商体系，2017年还帮助杭氧把乙烯冷箱出口到美国。

2017年，公司的乙烯冷箱实现了向伊朗的出口，这也是杭氧集团首次向中东出口100万吨的乙烯冷箱装备。而在马来西亚，杭氧集团已在帮助该国的炼化厂维修乙烯冷箱设备。

制造企业向服务型企业转型

由设备制造向气体运营转型一直是杭氧人的奋斗目标。现在杭氧的业务主要分为设备制造和气体两大板块，设备制造主要集中在空分设备的制造和乙烯冷箱的制造，而气体板块主要是做气体运营。

财报显示，2017年，杭氧股份实现营业收入64.52亿元，其中气体产业实现营业收入39.12亿元，占营业收入的比重为60.63%；制造业实现营业收入21.01亿元，占营业收入的比重为32.56%。数据表明，杭氧已经华丽转身，正转型为服务型企业。

据介绍，杭氧集团的制造板块，服务对象包括林德、法液空、美国空气产品公司等全球同行，无论是在国内还是国外的项目，中标的设备都不是一家公司能全部独立生产的，都需要集成采购，比如大的压缩机、阀门和低温液体泵等。

一位对工业领域有过三十年以上研究的经济学家表示，杭氧在制造板块的成功，已经在国内形成了一条空分设备的产业链，例如东北某生产鼓风机的企业，就因为给杭氧供货而不断更新技术，让自己也具有国际竞争力。

在生产设备的时候，杭氧也承接了许多维修的业务，主要维修内容为 20 世纪 80 年代到 90 年代引进到中国的空分设备和乙烯冷箱等。特别是在 2013 年，只用了 40 天时间杭氧就为东北的某国有大型石化企业设计制造了一套 60 万吨的乙烯冷箱，来替换已损坏的原本从国外进口的设备。

而在气体领域，20 多年前杭氧集团就注意到，制造业利润有限，全球同行业公司都在从制造业向利润更高的服务业转变。而建立气体工厂，一方面是公司转型需要，另一方面也是公司发展需要——很实际的一个好处，就是可以作为一块试验地，测试自己的新技术和新想法，到客户需要案例的时候，能够拿来给客户作为参考。

2001 年以来，杭氧就开始布局气体公司，2005 年前后加大投入，2010 年上市后，所筹集的资金也都投给了气体公司建设。也正因为这个战略选择，才让原来桎梏杭氧多年的 6 万等级魔咒一下子被解开，杭氧自己上马 8 万等级的空分项目，为竞标神华宁煤的项目打下了基础。

10 多年来，杭氧拥有了 20 多家气体公司，业务收入的结构也从制造业一家独大调整为制造业和气体业务两翼齐飞，其中制造业收入约占四成，气体业务约占六成。当然与国际竞争对手相比，还存在一定差距，原因就在国际竞争对手的气体服务业务成了收入主体，大约占到 80% 到 90%。

据介绍，国内气体使用的高端客户集中在电子元器件制造、液晶显示屏制造、发光二极管制造等领域，目前是跨国公司占市场主导地位，医疗用氧也被外企垄断；而杭氧集团目前的服务对象，主要是国内的钢铁、煤化工和石化企业等低端市场，尽管规模大，但利润没有国外企业那么高，因此向高端客户市场发展也是杭氧今后的努力方向。

第三篇

中核科技：变迁中专注专业

秦 伟

2017 年 4 月 13 日，"华龙一号"示范工程——福清核电 5 号机组的 3 台主蒸汽隔离阀出厂试验圆满完成，这标志着"中国制造"在主蒸汽隔离阀这个最重要的核电阀门的制造及应用领域实现了零的突破。

主蒸汽隔离阀是核电厂的重大关键设备之一。"华龙一号"的主蒸汽隔离阀设计寿命由 40 年延长到 60 年，抗震要求从 0.2g 提高至 0.3g，同时增加了严重事故工况要求，这都给主蒸汽隔离阀国产化提出了更大的挑战。中核苏阀科技实业股份有限公司（以下简称"中核科技"），扛起了阀门国产化先行者的大旗。

作为目前国内阀门行业唯一的国有控股上市公司，秉承核工业"四个一切"的精神，自 1952 年成立至今，在不同的历史发展阶段，中核科技锐意进取，积极推进我国核电、石油化工及火电领域高端阀门的国产化进程，填补了多项阀门技术空白。

中核科技一路走来，可以说是中国企业的一个"非典型"发展。

从地方民品企业支持国防科技工业建设"参军"，再作为军工企业二次创业"转民"，再到改革开放走在市场化前沿改制上市，中核科技走了一条有别于其他企业的"曲折之路"!

"回顾中核科技的历程，无论是'参军''转民'还是'改制''上市'，我们的初心不改，专注专业，才能成就今天高端阀门国产化的扛旗者!"中核科技董事长彭新英的话语言简意赅。

"民转军""军转民"再到"军民融合"

1952年7月，由苏州市政府下属的苏州市地方工业局组建的苏州市第一家全民所有制企业，也是苏州机械工业史上的第一家设备制造厂——地方国营苏州铁工厂正式成立，它既是苏州阀门厂的前身，也是中核科技的前身。

苏州铁工厂主要生产城市建设用的铸铁管、铸铁阀门及通用工业阀门，并先后在苏州市地方工业局、苏州市重工业局、第一机械工业部三局等主管部门领导和投资扩建下，成为新中国成立初期国内重点工程和化肥、化工、农机、矿山、冶铁等行业装备工业阀门的供应商，"从成立之初，我们就专注于工业阀门的研发生产，50多年来为阀门行业，特别是工业用高端阀门的国产化作出了巨大贡献，见证了我们阀门产业的快速发展。"彭新英对记者说。

1962年，为国防科技工业建设需要，地方国营苏州铁工厂划归第二工业机械部（后改名为核工业部，现为中核集团公司）。"我们成为国内唯一一家核专用阀门生产基地，为国防建设提供专用阀门，可以说是'参军'了。"彭新英介绍，"其间为核工业一期建设和三线建设提供了2186个品种，共计416795台高要求阀门，特别是为'两弹一艇'（原子弹、氢弹、核潜艇）的研制成功作出了贡献，系当年党中央、国务院、中央军委嘉奖和祝贺的主要参与有功单位之一。"

随着改革开放，和国内其他许多军工企业一样，中核科技也走上"军转民"二次创业之路。1979年，贯彻"军转民"方针，公司产品开始由军品转为民品，生产各类工业用阀门。

"苏州，作为改革开放的排头兵城市，这里的区位优势很明显，市场氛围也非常好。随着改革开放的不断深入，处在改革前沿的中核科技敏锐地预测到我国的工业体系必将走向世界，融入国际一体化。"彭新英回忆道，"我们果断地把军转民的方向定位在国际标准体系阀门和'以国代进'的各类特种阀门的研发制造。"

"依托工厂20多年阀门生产的经验、人才和设备积累以及严谨

的军品生产质管体系，我们通过引进消化吸收再创新，从为国内石化装备仿制国外标准阀门开始，逐步按照国际标准自主开发研制成套国际标准阀门，一步步向前发展。"彭新英娓娓道来，"1982年，中核科技成为国内阀门行业首家取得美国石油学会（American Petroleum Institute，简称API）规范证书的企业，之后相继取得ISO 9001、CE认证，以及取得特种设备制造许可证及民用核安全设备制造许可证等，为公司产品全方位走向国际市场提供了重要保障。"

"1988年，中核科技的产品开始出口，'SUFA'品牌走向欧美、东南亚、中东等国际市场。1992年中核科技被国务院批准为机电产品出口基地，并被国家外经贸部授予出口自营权。1993年，中核科技年度出口阀门总值达到3000万美元，阀门产品已远销50多个国家和地区，并且在中东阿联酋的迪拜设立了中东中核科技公司，作为中核科技在中东的一个窗口！"回忆这段历史，彭新英充满自豪。

"改制""上市"走向"全面市场化"

1997年，中核科技发展史上的又一个重要节点。

这一年，企业完成了股份制改造并于7月在深交所挂牌上市，成为核工业和国内阀门行业第一家上市公司——中核苏阀科技实业股份有限公司。"通过股份制改制，企业资源得到优化配置，产权关系进一步理顺，推动了建立现代企业制度、法人治理结构、科学的制衡机制和决策机制的进程。"彭新英表示。

上市后的中核科技，经济实力和竞争能力显著增强，整体发展稳步有序增长。"我们在巩固石油化工阀门行业领先优势的同时，不断加大研发投入，开发新产品，适应新市场。"彭新英表示中核科技并未因为上市而停止发展，而是更加坚定地走专业化、高端化之路，"我们在石化加氢阀门，核电、核化工等领域各类特殊要求阀门的研发上进行大量的投入和准备，使得企业有了较多的技术储备。"

2005 年，中核科技再次走到抉择的关口，根据苏州市政府关于保护古城、退城进区的决策，具有 50 多年发展历史的中核科技从此进入新的发展时期。

"公司总部搬迁到国家级高新区，新建了厂房，更新了加工设备及检测设备，中核科技进入了一个全新的发展时期。"彭新英回顾到，"我们更加规范企业内部管理和机构组成，更加注重产品创新与市场开拓的结合，组建了江苏省特种阀门工程技术研发中心，按产品分类先后设立了核工程阀门事业部、石油石化及特种阀门事业部、电站阀门事业部、公用工程阀门事业部，收购成立了中核科技球阀有限公司、苏州中美锻造有限公司。"

走进今天的中核科技，看到的是一家现代化的企业。其资产规模近 20 亿元，占地面积 500 余亩，形成了专业生产成套工业阀门的产业链，成为国内阀门行业中品种最多、规格最全、技术含量最高的专业化工业阀门生产基地，企业在继续保持行业领先优势的同时，国际市场竞争力更是显著增强。

"以国代进""国产化"更要"自主可控"

核电作为一种高收益的清洁能源，在我国能源产业中发挥着越来越重要的作用。其中，核电系统中的重要管路部件——阀门的重要性更是不言而喻。由于应用目标的特殊性，核电阀门除了在材料选择上要匹配自身的工作介质之外，还要具有耐辐照的特性，即材料受辐照之后其辐射性能不变。同时，由于核原料的高辐射性，核电阀门除了需具备耐辐射性之外，还需要密封性好，以保障封存液体不外漏。

"阀门作为核电系统的重要管路部件，其发展应更具有战略性考虑和再创新意识。"彭新英对此深有体会。

"核电关键阀门是核电站的重要设备，长期以来主要依赖进口，国外一直对我国实行技术封锁，以赚取高额的利润，因而也成为制约中国核电国产化的瓶颈之一。"彭新英对记者指出，"中核科技核阀研制起步于 20 世纪 60 年代初。也就是中核科技'民参军'时期，到目前经过几十年的努力，已形成了规模的核级阀门设计、实验、制造、检测能力，并为秦山核电站建设提供了大量的核级阀门，为核阀国产化作出了重要贡献。"

"2003 年，当时的中核科技向国防科工委申报了《核电站关键阀门设计及制造技术研究开发项目》，决定全力研发五类核电站关键阀门，冲破国际垄断。"彭新英回忆，"2006 年，国家能源局委托中国机械工业联合会审查论证了中核科技、沈阳盛世和大连大高《百万千瓦级压水堆核电机组阀门国产化产业化项目》三个核电阀门国产化项目，实施后会形成国家核阀国产化的核心力量，使中国在建核电项目不再受制于人。"

据了解，以秦山二期扩建项目为依托，近几年阀门行业内相继开发成功具有国内先进水平核级阀门并通过技术鉴定。其中，中核科技已经完成了核一级快速启闭隔离阀、稳压器电动卸压阀、低压差旋启式止回阀和核二级硬密封安全壳风道隔离阀等 14 个规格、

公司大楼

品种的样机制造，并通过了各种型式试验和部级鉴定。

2014 年，中核科技又完成核一级、核二级快速启闭隔离阀、比例喷雾阀、硬密封安全壳空气隔离阀、电动卸压阀、主蒸汽隔离阀等多种样机的研制，并通过型式试验等相关考核以及完成冷态功能试验，达到核电工程需求。

2017 年 4 月 13 日，"华龙一号"示范工程——福清核电 5 号机组的 3 台主蒸汽隔离阀出厂试验圆满完成，这标志着"中国制造"在主蒸汽隔离阀这个最重要的核电阀门制造及应用领域实现了零的突破。

"阀门是核电站安全运行的关键设备，在前期项目中，核心的核一、核二级阀门如核一级电动闸阀、核一级调节阀、主蒸汽隔离阀、主蒸汽安全阀及主给水调节阀等高附加值的关键阀门，均长期被国外供货商垄断。"面对如此困境，致力于高端阀门国产化的中核科技意识到肩负的使命与责任，彭新英表示，"'华龙一号'作为我国具有自主知识产权的第三代百万千瓦级压水堆核电站，为降低造价、提高自主可控性，必须在'自主设计、自主制造、自主建设、自主运营'方针的指导下，提高设备国产化率和自主设计水平，必须做到'自主可控'。"

主蒸汽隔离阀是核电厂的重大关键设备之一，位于压水堆核电站二回路主蒸汽系统，是核电站二回路主蒸汽管道上最重要的安全屏障，属于核电厂重大关键设备，在项目立项时运行的核电机组中该产品长期依赖进口。"必须有人扛起阀门国产化先行者的大旗。"回想立项之初，彭新英满腔热忱，最终，十年磨一剑，中核科技相继研制出 DN800、DN1050 两个规格主蒸汽隔离阀。

"中核科技坚持实施创新驱动战略，携手中国核电工程有限公司和业主单位积极推进核电关键阀门设备国产化进程，凭借不懈努力，先后攻克数个设计制造难点，填补多项国内技术空白。"项目的鉴定委员会如此描述，"'华龙一号'首堆主蒸汽隔离阀国产化应用，标志着中核科技已经完全具备自主设计和制造第三代核电关键阀门设备的能力，也打破了主蒸汽隔离阀长期依赖进口的局面，为全球首堆'华龙一号'顺利建设奠定了坚实基础。"

"我们最终不仅仅是为了核电，依托核电的研发，把整个公司的技术能力提起来，管理水平提起来。依托核电，肌肉练好、内功练好。"彭新英对于产品研发与市场开拓定位也非常明确，"高端阀门的研发生产，走差异化发展的路，使我们占领了阀门制造的领头羊位置。"

"绿色""环保"成就"流体控制安全的守护者"

"中核科技的未来愿景是深耕全球市场，推进本土化战略，成为流体控制安全的守护者！"彭新英展望，"我们要做国内领先、国际一流的流体控制设备集成供应商。我们要坚持做百年老店，守护流体安全，要求我们不能粗制滥造，要坚守质量第一。"

"未来的发展，中核科技将努力建设两个'智能化'，一个是生产的智能化，另一个则是产品的智能化，以此提升整体水平。"达成目标的路径已经在彭新英脑海中形成，"未来，我们仍将依托核电，提升整个阀门产业的研发生产能力，特别是特殊行业特种需求的关键阀门。"

"现在提出建设美丽中国，要满足人民群众的幸福美好生活。"彭新英眼中的中核科技不应该仅仅是一家工业企业，更是建设社会主义现代化强国、建设美丽中国的一分子。"制造强国的建设必须有工业的支撑，工业的发展肯定会带来环境的破坏，比如工业气体的泄漏，气体泄漏的第一大原因就是无组织排放。气体的无组织排放就是因为管道当中连接的填料、垫片以及阀门的填料、垫片造成的。没有按照严格低排放或者是无排放的要求，出现微泄漏。"

"我们的目标是你走近排放装置闻不到味道。进入一个化工厂如同进入一个现代化小区一样，空气清新，没有'化工的味道'。"彭新英心里的梦想很朴实，"我们阀门企业有责任为我们美丽中国的建设作出自己应有的贡献。我们的制造能够更环保、更绿色，我们的产品也能够更环保、更绿色。这是我们制造业该思考的问题，更是该认真做的事。"

第四篇

华成集团：泵业龙头百亿梦想

焦建全

　　四川绵阳风洞群是亚洲最大的航空风洞试验中心，我国自行研制的导弹、空天飞机、高性能战斗机等高超音速飞行器都要在这里进行"高超音速多功能风洞试验"，这些实验需要模拟空天环境，超大型水环真空泵是核心设备之一。西南交通大学高速列车穿越隧道模拟试验也需要超大型水环真空泵。这些超大型水环真空泵的制造厂家是山东华成集团有限公司（以下简称"华成集团"）。

　　华成集团是目前我国唯一有能力设计、生产、制造超大型水环真空成套设备的企业，而且是行业龙头企业，产销量已经连续15年位居行业第一位，在航空航天、煤炭、电力、钢铁、石油、化工、造纸、轻工、有色金属、氧化铝等行业，均有华成集团生产的真空设备在连续工作。

　　然而，就在20多年前，华成集团的前身——山东博山锻压厂（以下简称"博锻厂"）一度资不抵债，几近破产。扭转博锻厂颓势的关键人物，现任华成集团董事长陈维茂告诉记者："人才战略和持续创新是华成集团成功的因素。"而他初到博锻厂时，面临的问题是博锻厂的生死存亡。

临危受命

陈维茂 24 年前奉命接任博锻厂厂长。1994 年 10 月 20 日一早，年仅 33 岁的陈维茂来到山东博山锻压厂，车间斑驳外墙上"工业学大庆"的大字标语依稀存在，厂内空地上停放着采购很久却鲜少使用的机器设备，外包装在经历风吹雨打后已经破旧。陈维茂心里清楚，博锻厂因原材料供应中断，已经半停产几乎 4 个月，更为严重的是，博锻厂已连续两年拿不到贷款。

博锻厂曾是淄博市民最引以为豪的城市名片之一。博锻厂始建于 1956 年，是我国最早生产内燃机配件的国有企业之一，长时间

占据内燃机配件行业霸主地位，20 世纪 70 年代还成功研制出我国第一条连杆锟锻自动生产线，曾受到时任国务院副总理余秋里的亲自视察，可以说是博锻厂历史上最辉煌的一幕。

然而，在改革开放的大潮中，博锻厂陷入了困境。国家投资体制的改革，使博锻厂患上了不适应症，从 20 世纪 80 年代末到 90 年代初期，博锻厂的决策又连续失误，丧失机遇，面临破产威胁。

在此情况下，陈维茂接受任务，走马上任。当时，年仅 33 岁的陈维茂在淄博另外一个工厂担任厂级职务，该厂当时效益很好，陈维茂当时工资 800 多元，在当时的淄博博山属于高工资待遇。到博锻厂担任厂长，工资要调整到 400 多元，然而，陈维茂没有丝毫犹豫，马上接受了任务。

但是，陈维茂面临的问题却相当棘手。1994 年，员工共 800 多人的博锻厂，后勤管理人员占 400 多人，全年设备利用率仅为 50%，劳动生产率还几乎不及人均工资，管理费用、财务费用更是居高不下，资产负债率达到 100.06%，已经资不抵债，几乎到了破产的边缘。

组织上为何选中陈维茂担此重任？多年以后，陈维茂把自己担任博锻厂厂长，成为淄博市机械系统有史以来最年轻的国企厂长的原因归结为六个字："勤奋、奉献、担当"。陈维茂回忆此前在真空设备厂的岁月。"干好自己的事情，干好自己的岗位。"为此，陈维茂努力学习，用心感悟。当工人和后来的车间主任时，挣钱很少，但陈维茂一直加班加点地干，干得多了，奉献得多了，他的工作便逐渐得到组织和领导的充分肯定，经过选拔培养，先后担任领导并到淄博市委党校脱产学习经济管理专业两年。

经过经济管理理论武装的陈维茂如虎添翼，很快担任了淄博市真空设备厂的厂领导。1994 年 10 月，陈维茂奉调山东博山锻压厂任厂长，收拾"烂摊子"!

到厂后，陈维茂夜以继日，靠"把每分钟的工作做好，把每天的工作做好"的劲头，几乎把一天当五天用，每天都工作到凌晨两点钟，仔细研读各方面资料，判断博锻厂面临的问题。

陈维茂仔细分析了博锻厂的有利因素。一是职工人心仍在，职工没有调走和流失。二是技术力量仍在，没有流失。三是博锻厂品牌价值仍在，有些用户甚至在博锻厂蹲守提货。

上任之后，启动正常生产是关键。陈维茂带领领导班子，一方面及时清欠货款 200 多万元；另一面积极争取银行贷款，千方百计筹措资金，争取到流动资金 200 多万元，仅用 7 天，博锻厂就恢复了正常生产。

与此同时，陈维茂启动了博锻厂的机构改革。建立规章制度，精简管理机构，将 100 多名管理人员充实到生产一线。通过强化管理、降低成本，亏损额逐月降低。

博锻厂摆脱了破产命运，暂时生存下来，但是，有些问题仍然存在。

陈维茂和领导班子正视博锻厂面临的问题，在《淄博日报》展开了"博锻现象"系列报道和系列讨论，主管副市长、主管局长以及淄博市经委、市体改委，研究机构、金融机构、淄博重点企业的领导都对"博锻现象"讨论分析、献计献策。

陈维茂抓住了契机，组织中层干部和职工学习讨论，形成共识，理顺内部关系，为博锻厂争取了更多资源，博锻厂逐渐摆脱了亏损的帽子，逐渐走上了正常轨道。

登顶泵业

1995 年，博锻厂终于扭亏为盈，摆脱了死亡魔咒。接下来，博锻厂开始实现一定规模的盈利，然而生存问题解决后，发展问题摆在眼前。

历经三年艰苦奋斗，陈维茂终于保住了博锻厂，解决了博锻人"吃饭"的问题。然而，1997 年亚洲金融危机来临，众多农机配套老厂纷纷破产，博锻厂凭借三年奋斗的积累，终于生存下来。

但是，"不发展，就死亡"的残酷现实，逼迫博锻厂找出一条新路发展壮大自我。

1997 年 8 月 8 日，陈维茂在调研了市场以后，果断决策：新上水环真空泵产品。水环真空泵在工业生产中有广泛应用，如真空过滤、真空引水、真空送料、真空蒸发、真空浓缩、真空回潮和真空脱气等，可用于煤矿、石油、化工、机械、轻工、医药及食品等许多工业部门。

但是，跨界发展谈何容易，博锻厂一缺人才、二缺资金、三无市场。为此，陈维茂引进了刘连贵等一批技术人才，刘连贵现任山东华成集团总工程师。当时刘连贵由于国企大下岗，已提前内退，在水环真空泵领域有 20 多年的技术积累。刘连贵等人到位后，开始着手水环真空泵项目，成立了淄博水环真空泵厂，从零起步，开始创业。当年生产出来 100 台小规格水环真空泵，虽然质量没问题，但是一台也没有卖出去。主要原因是产品没有销售网络，没有知名度，也没有品牌。

陈维茂立即建立了销售队伍。陈维茂后来对记者回忆：销售队

真空机组

伍建立后，进行了"刮地皮"式销售，销售人员每到一个城市，先找到电话号码簿，只要能用到水环真空泵的行业，销售员就一家一家打电话，一家一家登门拜访。1998 年，水环真空泵的销售额实现了从 0 到 290 万元的突破，1999 年达到 800 万元，2000 年更达到 2300 万元，水环真空泵市场快速扩大。

此后，淄博水环真空泵厂先后研发生产了六大系列上千种规格的水环真空泵及真空成套机组，由于节能效果明显，市场竞争力强，产销量连年攀升，在国内的煤炭行业占到了 65% 的市场份额，到 2003 年，其水环真空泵产销量居国内同行业第一位，成为国内水环真空泵行业的龙头。

2002 年 5 月，陈维茂还成立了淄博华成泵业有限公司，先后开发了三大系列 50 多个规格的渣浆泵等工业泵产品，产销额也快速增长。

与此同时，陈维茂还对博锻厂的产品进行了调整。先后停产了一些农机配套产品，紧跟我国汽车行业大发展的形势，新上了汽车发动机连杆，并陆续成为潍柴、上柴、东风朝柴、云内动力等国内知名汽车发动机制造商的配套厂家。

这一时期，博山锻压厂、淄博水环真空泵厂和淄博华成泵业有限公司快速发展。企业的快速发展，对企业管理提出了新的要求。为了理顺企业之间的关系，更大程度上发挥员工的积极性和创造性，陈维茂对企业进行了管理创新。

持续创新

产权制度改革成为首要目标。2000 年后，陈维茂开始有计划地实施产权制度改革，成立了山东华成集团。具体概括起来，可以称之为"三步走"：第一步，2000 年 8 月，以职工出资买断国有资产的形式，将淄博水环真空泵厂改制为淄博市水环真空泵有限公司。第二步，2002 年 5 月，适应渣浆泵等工业泵市场的需求，创立了淄博华成泵业有限公司。第三步，2002 年 11 月，对原山东淄博博山锻压厂实现兼并重组，成立了淄博市博山华成锻压有限公司。到 2004 年 12 月 9 日，山东华成集团有限公司正式成立，成员企业有淄博市博山华成锻压有限公司、淄博市水环真空泵有限公司、淄博华成泵业有限公司、淄博华成进出口有限公司，成为一家大型民营企业集团。而"华成"二字，取自"中华成功、振兴民族工业"之意。后来"华成"商标也成为真空行业的中国驰名商标。

　　理顺产权关系后，华成集团快速发展，2004 年当年，华成集团实现产销额 2.7 亿元，利税 1235 万元，昔日破产重压的亏损大户变成了利税大户。

　　产权制度的变革，使华成集团摆脱了体制的羁绊，技术创新连上台阶。就水环真空泵而言，通过在产品上的引进、消化、再创新，以"高质量、低成本、优服务"的经营理念，在水环真空泵市场杀出一条生路，从最初生产小型的真空泵开始，华成集团连续多次研制出特大型水环真空泵，自身也成为世界上最大的水环真空泵供应商，华成集团总工程师刘连贵告诉记者：除华成集团外，国际上最大规格的同类真空设备是美国的佶缔纳士生产的，最大抽气量是 660 立方米／分钟，而华成集团近几年共成功研制出 700—3000 立方米／分钟 9 种规格的超大型真空设备，属于国际首创，产品性能指标达到国际水平。另外，华成集团的产品还高效节能，节电 20% 以上。

　　"水环真空泵的核心技术之一是叶轮焊接技术"，刘连贵告诉记者，"华成先进的焊接技术，有效消除了焊接应力，使叶片具有良好的韧性和抗冲击力，适应各种工作情况。自行设计的叶轮，可运行 3 万小时，大大高于国内标准 8 千小时。"另外，华成集团水环真空泵柔性排气阀板的使用，可自动调节排气和维持进气压力，大大提高工作效率。

　　华成集团仅在水环真空泵方面，就主持起草和参与起草国家或行业标准 5 项，获得专利证书 32 项，并获得软件著作权 7 项。为保持产品和技术领先，华成集团还建有泵类产品综合测试中心，配有高精度仪器，测试中心整体达到国内领先水平。

　　研发创新方面，华成集团每年投入营业收入的 5% 以上作为研发经费，保障研发机构的正常运转。另外，采用人性化管理，设立激励机制，对专业技术人员进行奖励。另外，还创新人才培养机制。与国内多所院校保持密切的"产学研"合作关系，提高专业技术人员的科学素养、工程实践能力。

现在，华成集团已经成为中国最大的液环真空泵及压缩机研发和生产基地，国家火炬计划淄博博山泵类产业基地龙头企业，"中国泵业名城"主导企业，是中国通用机械工业协会副会长单位。也是山东省第一批通过新认定办法的高新技术企业，国家重点高新技术企业，设有山东省流体机械工程技术研究中心。

百亿梦想

"人才第一"是企业创业、发展、崛起的法宝。"有了人才，才有技术，才有市场，才有好管理，才有国际化。"因此，要事业留人、待遇留人和感情留人，陈维茂总结华成集团快速发展的原因。

陈维茂特别提到研发创新带头人燕洪顺。燕洪顺从事水环真空泵理论研究和设计40多年，是享受国务院政府特殊津贴的真空泵研发设计专家，7次获得国家、省部级科技进步奖，曾任全国真空技术标准化委员会副主任委员，是水环真空泵5项国家和行业标准首位起草者，国家级物理、机械类核心期刊《真空》编委。2005年退休后，被聘为华成集团副总经理，负责全面技术工作。

燕总老当益壮，不顾身体不便，2009年开始，带队亲自前往绵阳风洞群"前后五六年，一年去过四五次"完成真空成套设备的安装、调试、检测等工作，使其达到风洞的实验要求。燕洪顺也带出一支以中青年专家为主的、知识层次高、时间经验丰富的技术人才队伍。

而一线营销服务人员也事业感满满。有一年大年初一凌晨，华成集团售后服务人员接到桓台县一家客户的电话，说有台设备出现故障，服务小组立即出发，奋战一天，解决了客户问题，返程时，已经临近傍晚，"过了一个难忘的春节。"相关人员事后回忆。

人才是华成集团快速发展的保证，自 2003 年，华成集团水环真空泵登顶泵业龙头，华成集团已经连续 15 年保持龙头地位，近年来，更是超越美国佶缔纳士，成为世界水环真空泵龙头企业。

2010 年，华成集团又添新成员。山东华成中德传动设备有限公司成立，主要生产精密减速机和增速齿轮箱，作为华成集团今后重点发展方向之一。精密减速机和增速齿轮箱产品需求量大，市场广阔，技术要求高，华成集团引进了德国技术和人才，引进国际第一品牌的德国霍夫勒数控磨齿机、美国格里森螺旋锥齿轮磨齿机、奥地利爱协林热处理生产线、德国克林贝格齿轮检测中心、日本三菱加工中心、意大利帕马加工中心等目前世界最先进设备，已成功开发了九大系列上千种规格的减速机，产品均通过专家鉴定，达到国际先进水平，可完全替代进口，代表中国以世界一流水平参与国际竞争，经过近些年的奋斗，华成集团的高速减速机已经进入国际厂家前三，位列德国弗兰德、德国赛威（SEW）之后，超过了日本住友、美国福克和芬兰美闻达。用陈维茂的话说，如果把减速器行业比作汽车行业，普通国产减速机相当于皮卡、普桑，而华成集团生产的精密减速机相当于奔驰、宝马。

现在，华成集团的超大型水环真空泵军品正在对接，核电站大容量水环真空泵机组也通过了国家能源局和中国机械工业联合会的科技鉴定，在国内外核电项目中推广应用。华成集团的产品除在国内销售外，现已出口到欧洲、北美洲、非洲、东南亚等国家和地区，如应用在俄罗斯南库兹巴斯煤炭公司瓦斯抽放泵站，印尼巨港电站机组；赞比亚谦比希铜矿冶炼，采用华成集团的 8 套特大型真空泵；印度、印尼、缅甸等国家的造纸、制糖、化工等行业也有采用。

为完成产销百亿元的目标，华成集团也加紧修炼内功。按现代企业制度设计法人治理结构，设立了董事会、监事会，实行总经理负责制，企业组织机构健全，完善财务管理、法务管理和人才管理，积极运作，争取进入资本市场，实现百亿梦想。

四川空分设备（集团）有限责任公司
Sichuan Air Separation Plant (Group) Co.,Ltd.

第五篇

四川空分：市场分析专家对研发的求索

陈　曦

领导者的格局，决定了企业的未来。

领导者决定战略，而所谓战略，就是为什么要做这件事情。全体员工为实现战略进行战术配合，所谓战术，指的是实现战略的方法。做好战略，必须勤于思考和分析，要做好战术，必须有很强的毅力和耐力。

四川空分董事长单金铭在"中国制造"还没有遍布全球，在中国工业刚刚起航的时候，就提出了企业愿景——"世界先进，国内一流，与国际接轨"。

正是因为领导者有着这样的格局，四川空分不断地开疆扩土，填补多项国内空白，成为空分领域的龙头企业之一。

冠军用产品说话

过去，中国的空分行业基础薄弱，技术落后，与外国企业相比，本土企业几乎没有竞争力。然而，四川空分严抓产品质量，提升产品性能，通过过硬的产品一次次在与外国企业的竞争中获胜，成为中国空分行业在国际市场上的一面旗帜。

2005 年以前，中海油轻烃回收装置使用的透平膨胀机无论处理量大小均为进口，国产设备几乎没有机会与之建立合作。可是因为一次外国设备的故障，中海油无奈之下选择了国产设备，谁知从此一发不可收。

当时，中海油某作业区的一套由美国公司提供的处理量 120 万方膨胀机，在调试时装置处理量仅为 72 万方，美国供应商不允许启动膨胀机。每耽误一天进度，公司就要承受巨大损失。在这样的情况下，中海油在综合考察后，向四川空分订购一台处理量为 72 万方且有两个工况的膨胀机。这是中海油一次国产化的试探，中海油甚至询问四川空分的产品能不能运行两周，因为两周可以收回膨胀机成本，可见其对国产设备的不信任。

　　在四川空分看来，这是一次非常宝贵的机会，如果成功，就可以拿下中海油这个大客户。在充分衡量装置本身、自身设计水平及公司加工能力等因素的情况下，四川空分经过紧张的设计和制造，如期交货，并一次调试成功。一段时间之后，四川空分的膨胀机仍然稳定高效运行，这使中海油对国产设备的态度从怀疑转变为认可，之后，中海油多次选择四川空分的产品，双方形成了紧密的合作关系。

　　其实，四川空分赢得了中海油这个大客户，只有一个秘诀——产品好。之后，四川空分一次次用产品说话，逐渐成为具有国际竞争力的透平膨胀机专家。

　　2009 年以前，大庆油田透平膨胀机也使用进口产品。2010 年大庆油田计划上马一套 90 万方轻烃回收装置并配套两台膨胀机，计划订购美国公司的产品并已经与之签订了意向性的技术协议。虽然心有怀疑，但是抱着给本土企业一次机会的心态，大庆油田在考察了四川空分的一系列产品，并与四川空分深入交流后，对各方面均非常满意，于是决定把订单交给国内企业。从此，大庆油田的膨胀机完全国产化，结束了依靠进口的历史。

　　2010 年 3 月，四川空分为冀东油田提供的 145 万方膨胀机PT566，达到满负荷运行，各项性能均超过设计值。冀东油田观察机组现场运行状况后，高度认可四川空分的产品，并且专门给四川空分发来感谢信，说了一句让人感慨万千的话："中国人的事还需中国人办。"

　　这台为冀东油田提供的膨胀机，是四川空分与国外公司进行激烈竞争后得到的订单，过程的艰辛更显现出企业的水平。145 万方膨胀机处理量大、技术难度大、生产制造要求也高。冀东油田对这台设备的要求是机组各方面性能必须达到世界先进水平，而国内从未设计和生产过同类型的机组，因此在进行初步规划时，基本认定选用进口产品。当时，四川空分已经有两套产品在冀东油田成功运行，对自己的技术和质量很有信心，于是公司与冀东油田进行了多次技术交流，让冀东油田充分、深入地了解公司的技术水平、生产加工能力、质量管理体系等实力。最后，冀东油田同意四川空分参与该项目的国际招标，最终在与三家国外公司竞争中四川空分一举中标。

越来越多地被客户认可，并没有让四川空分自满，而是激励其再一次审视自己的产品与国外产品的差距。他们发现，尽管自己的产品在性能上不比国外产品差，但是在外观上还有一定差距，这也是很多中国制造业企业共同存在的问题。于是，四川空分的领导及全体员工把产品外观也当成了产品性能指标的一部分，积极进行改进。四川空分分析研究整个油路、气路系统，充分理解各个设备单元的作用，并且认真听取用户的意见和建议，力争让产品的外观设计合理、实用、美观。之后，产品外观的改善进一步增强了公司的国际竞争力，为四川空分赢得了更高声誉。

选择目标市场要瞄准"盲区"

20 世纪 80 年代到 90 年代初，四川空分一直靠低温液体贮运设备维持企业发展，而在空分设备方面却举步维艰。甚至有人劝单金铭干脆放弃空分业务，但是他却一直坚持"必须发展大型空分设备"。他说："当时我们有天然气业务。我的想法是，一边要生产天然气，另一边空分设备不能丢。第一，空分设备的应用范围广，钢铁、化工、电子、军事都用。第二，包括天然气液化分离装备的技术，也是从空分延伸过去的。如果你不搞空分，你就把这几种技术丢掉了。第三，空分还是要发展的，我们未来的机会很多。现在看来，这个决策是对的。"

正是因为单金铭坚持发展空分业务的决策，让四川空分在行业内有了更多的经验。多年的积累，让四川空分具备了与外国企业同等的实力，算得上一个中国制造业的隐形冠军。对于冠军的理解，单金铭认为隐形冠军至少要做到："第一填补国家空白，第二解决重大问题。另外一个就是别人没做到的，你能做到；或者别人做到了，达不到世界水平，你达到了，这才是冠军。"他认为，单单从市场份额这些数据来衡量还不全面，这是一个鸡生蛋还是蛋生鸡的问题，"当然份额也是一个标准，因为你填补了空白，别人没有你有了，别人没有你很好了。那么既然你做得好，别人就会要你的东西，当然份额也就上去了。"

正因为有这样的想法，四川空分在寻找市场方向时，总是瞄准"盲区"。

成立于1966年的四川空分，是计划经济时的老企业。经过9年的边建设边生产，四川空分在1975年正式投产。这时，刚刚建成的四川空分面临着没有拳头产品，没有市场，甚至没有目标的困境。单金铭回忆，"当时生产什么，靠什么吃饭，这是大问题。"

幸好，四川空分很快找到了方向——研发天然气液化分离设备。在决定研发天然气液化分离设备时，考虑有两点，第一这是不是国家亟待解决的关键问题，第二是自己有没有能力实现。

当时，不少油田上都存在"对天烧"的现象。油气伴生，与石油一起开采出来的天然气没办法利用，只能点燃烧掉。这样的做法一来增加污染，二来浪费资源。单金铭看到这个问题，认为这是一个很好的发展方向。能解决"对天烧"现象的设备需要低温技术，国内能做的企业并不多，而四川空分恰恰比较了解。瞄准这个细分市场，四川空分用了几年的时间开发出拥有完全自主知识产权的天然气液化分离装置，成功解决了问题，而且产品性能可与进口产品比肩。单金铭介绍，四川空分在当时开发的软件，与现在国外先进的软件相比差别都不大。

四川空分天然气液化分离装置，解决了油田伴生气"对天烧"的大问题，在1991年获得国家金奖，很快推广到各大油田，公司一举成名。

单金铭一直把企业的命运与国家命运联系起来，他认为四川空分作为国内空分领域的龙头企业之一，其身上担负的是对国家的责任。他说："随着改革开放，国家发展了，国家需要很多的空分设备和其他产品，你怎么去满足它，这是我们企业最困难的时期，国家的困难实际上也是我们的困难。"

总是在寻找其他企业没有开发的市场，同时还要肩负起国家给予的任务，要满足这两点，四川空分必须客观认识自己的能力。所以，在选择产品方向时，单金铭会问自己两点：第一，市场的方向是什么；第二，自己的技术能不能达到。四川空分在研发初期就充分把市场考虑进去，这样一来，开发出来的新产品通常很快被市场接受。

根据单金铭的理念，研发都是跟着市场需求走，那么首先当然要研究市场。

2007年，四川空分成立了行业内第一家企业低温技术研究院。其作用主要是基础理论研究、方向性的关键技术研究。研究成果出来以后，再由设计部去做工程化应用，实现研发成果到经济效益的转化。

殊不知，研究院成立最初的工作却是做市场调研。四川空分总工程师黄科回忆 2007 年低温技术研究院刚成立时的情景，"研究院只有两个人，老板（单金铭）是院长，我是副院长。当时主要工作就是研究市场的发展方向，调研市场情况，看我们需要研发什么。当时老板意思是，'我们成立研究院，就是要捕捉市场的脉络，紧跟市场需求进行研发。'"

现在，四川空分紧密跟随市场动向，以市场需求来决定或调整研发方向。黄科说："市场的需求有近期的也有远期的。对于近期的需求我们已经建立了一套面向市场的研发体系，加大研发力度，缩短研发周期，适应市场需求。对于远期的需求，我们紧跟气体分离行业'十三五'规划不断地创新、开发，继续拓宽本行业领域产品应用范围，向空分及天然气更深、更广范围延伸。"

低温工程领域的专家

隐形冠军企业，总是喜欢把自己定位为某个领域的专家，四川空分对自己定位是"低温工程服务领域的专家"。黄科说："低温行业在整个机械行业是比较小众的领域，四川空分专注于空气、天然气、多组分气体深冷分离及液化工程领域超过五十年，一直在行业内处于领先地位，尤其是天然气深冷分离及液化技术，四川空分引领着行业的技术发展。"

四川空分党委副书记、工会主席袁力说，如果说四川空分过去这几十年是在追赶市场，是向国外的先进企业靠齐。那么现在来

空分设备

说，四川空分的液化石油气或者液化天然气冷能空分，已经跟国外的水平相当了，等于现在有些产品可能已经快要结束追赶的阶段了，马上就要开始引领了。

四川空分迄今已生产 1000 多套空分设备，具有年设计、制造 45 套大中型空分设备的能力，折合氧气产量 150 万立方米／小时，国内市场占有率达到 30％左右，产能居国内第二位。

四川空分从 20 世纪 70 年代开始从事天然气（石油气）低温分离设备的研制，并相继开发出 10 万方、20 万方、30 万方、45 万方、50 万方／日天然气（油田气）分离设备系列产品，研发成功 10 万—200 万方／日天然气液化成套设备。

现在，四川空分已成为国内天然气低温分离及天然气液化设备技术开发、产品研制的行业龙头企业，引领着国内天然气分离及液化设备技术的发展。

四川空分是国内最早、目前规模最大的从事天然气（油田气）分离装置及天然气液化装置设计、制造的专业公司，已推出膨胀机制冷工艺、混合冷剂工艺、脱氮工艺、重烃洗涤工艺的天然气液化装置，国产化程度最高的 100 万方 / 日，200 万方 / 日天然气液化装置已达产运行；公司是国内最大规模氧、氮液化设备生产企业，可设计生产 50—1000 吨 / 日成套液化设备。

依靠产品、技术创新，四川空分创造了多个国内第一：研制出国内第一套透平设备、第一台增压透平膨胀机、第一套 ppm 级高纯氮设备、第一台高压汽化车、第一套无油无水高纯氮压缩机、第一套天然气尾气提氦设备、第一台 80 立方米液氢贮罐、第一个国家高技术发展计划（"863"计划）的液化天然气加液站、第一台开架式气化器设备、第一台配 10 万空分大型膨胀机等。这些成果，彰显出四川空分在低温设备技术领域的国内领先地位。

创新只能靠自己

单金铭说："四川空分之所以成功，我认为最主要的原因是坚持创新。第一，我们尝到了创新的甜头。在最困难的时候，最没饭吃的时候，我们的创新不仅填补了国家空白，而且使我们闯出了自己的生存之路。第二，不管在任何时候，要产品技术发展，必须要不断增强自己的竞争力，才能立于不败之地。"

的确，雄厚的技术力量一直是四川空分最核心的竞争优势。在打造自己技术实力的道路上，只要是能够使企业进步的方法，四川空分都愿意尝试。通过与研究机构、大学、外国公司的合作，四川空分不仅了解到国际市场的情况，也自主创新出众多产品，公司技术水平保持国内领先，在多个领域已具备与国外先进企业同台竞争的实力。

从四川空分多次填补国内空白的成绩就能看出，在研发上，四川空分更喜欢靠自己，而不是拿来主义。单金铭认为："国外好的东西也好，别人好的东西也好，只能借鉴。哪怕你买到现成的软件，也只是一个基本公式，要想自己做出好产品，必须吃透你要做的东西，必须研究该用什么样的技术，要如何应用。哪怕是依葫芦画瓢，你也得搞清楚人家的葫芦是怎么长出来的，搞不清楚葫芦是怎么长出来的，很可能把葫芦画成黄瓜。没有任何现成的东西好用，只有自己研发，这是其一。其二，借鉴别人的经验也要通过自己研究才能变成你自己的，更何况任何先进的技术、领先的经验，没有人会白给你。我们要从基础研究，从传热学、流体力学、强度计算这些知识一点一点研究出来，最后得出自己的计算公式。"

"以人为本""依靠科技进步"是单金铭长期的战略思路和一以贯之的企业方针，对科技人才求贤若渴就成了四川空分鲜明的个性。

四川空分对科技骨干不仅在收入上给予高薪，在工作条件上给予满足，在生活上也全力照顾。在四川空分，刚参加工作两三年的大学生住上超过100平方米的住房已不是新鲜事了。为了保持科研团队的"后劲"，公司除了在待遇上提高外，还有计划地从高中阶段就开始选择经济条件不好但成绩优异的学生进行定向培养，在经济上予以资助。迄今为止，公司已培养近50名资优生。为推动中国低温事业发展，提高空分行业技术水平和产品档次，单金铭还分别在西安交大、华中科技大学和浙江大学设立了"单金铭制冷低温专业奖学金"，每年个人出资6万元奖励有重大科研成果及论文

的优秀本科生、研究生。目前，已有 150 多名优秀学生获得了奖
学金。

为发动人才在创新上的主观能动性，单金铭提出要找那些能发
现问题的人才，即是找那些能发现问题的人才。单金铭介绍："我
们给技术人员奖励有两方面，第一是工作奖励，另外是研发成果
奖励。研发成果奖励不受工作岗位限制，只要有成果就给。除此之
外，我们开始实行提出问题给奖励。鼓励找问题，找差距，提一个
问题奖励一千块钱。"

既卖设备也卖气体 "两条腿" 走路

尽管在行业内已经占据了龙头位置，但是四川空分很清楚，自
己所在的行业狭窄，而且欧美市场几乎饱和，想要企业可持续发
展，必须多元化发展。

对于隐形冠军企业而言，多元化是建立在专业化的基础上的，
即通过对自己优势业务的深入挖掘，开发出其他潜力。

延续单金铭 "第一要了解市场，第二要了解自己" 的经营理念，
四川空分找到了 "卖气体" 这条路。

单金铭借鉴国际知名同行企业的成功经验，早已意识到气体与
设备并行发展是长远发展的大势所趋和必由之路。作为生产空气分
离设备的专业企业，四川空分发展气体销售业务本身就有着得天独
厚的优势。于是，他提出 "既卖奶牛又卖牛奶" "设备和气体'两
条腿'走路" "坚定不移发展气体市场" 的战略目标。

现在，四川空分已先后在重庆、山西、江苏、山东、广东、河
北、内蒙古等地组建了控股或参股的气体生产企业，拥有 10000 标

准立方米 / 小时、20000 标准立方米 / 小时多套大型空分设备为用户管道供气。

从单一的设备制造商向设备制造与气体、液体供应商转变，四川空分实现了多元化发展。经过多年的努力，四川空分已涵盖了现场制气及管道供应氧、氩、氮等工业气体，液态工业气体产品(氧、氩、氮等）和稀有气体氦、氙、氖的生产、运输及销售，储罐供气、瓶装供气、液化天然气液化工厂、液化天然气运输及加注站等气体及能源领域。

四川空分充分发挥均布在全国的气体公司网络及液体资源优势，形成区域化气体、液体运作中心，为不同的客户提供专业化和个性化的管道气体、液体（包括液化天然气）及瓶装气供应。

通过多年运营的积累，四川空分在气体（包括液化天然气）应用、安全、运行等领域培养、储备了一批专业人才，形成与空分设备 / 液化天然气装备设计制造相互联手、相互促进、共同发展的良性循环。

为百年基业做好准备

空分领域产品种类、规格繁多。尽管四川空分对自己的定位是低温空分领域的专家，但是为了保持企业的可持续发展，四川空分也积极开发其他种类的产品，成为行业里产品品种最多、规格最齐全的企业。

近年来，天然气作为清洁能源，在全球能源消费结构中的占比不断增加，液化天然气市场也越来越火爆。

随着天然气的发展，接收站的兴建，冷能利用可减少液化天然气汽化造成的冷污染或避免燃烧汽化消耗天然气，同时生产出高价值的空分液体产品，节能环保；但国外公司起步早，早已先行申请专利并投入运行。中国怎么办？

向来对市场动向敏感至极的四川空分已经做好了准备。公司开发的冷能空分成套技术，突破跨国企业的专利壁垒。该项技术实际运行达到了国际水平，成为国内首创，可节能 50% 以上，一套 600 吨 / 天装置每年节约电 6927 万度，减排二氧化碳约 6.9 万吨，节约用水 63 万吨，减排污水 41.16 万吨。

在"设备和气体并举"的多元化发展战略之下，四川空分在气体业务方面的目标是确保安全可靠、运行稳定、低耗环保、优质服务，成为中国工业气体及能源领域的领军企业；在空分设备方面，公司的目标依旧是"世界先进，国内一流"。

因为所在行业狭窄，所以四川空分早就开始通过国际化拓宽市场，并已做了大量的积累。公司拥有自营进出口权，经过国际市场的开拓，已有数十套空分设备及天然气液化设备销往全球各地，其中包括销往印度 24000 空分，土耳其 42000 空分，沙特 20000 空分，埃及 22000 空分，缅甸 45 万方和 28 万方的液化石油气装置等。

如今，国际形势正在变化。通过对市场的分析，四川空分发现，因为欧美国家的基础建设已经基本完成，新项目数量少。另外，正因为项目少，所以欧美国家更多地会选择本国产品。综合来看，公司在欧美国家的发展空间有限。而"一带一路"沿线国家正在加大力度进行基础设施建设，四川空分将抓住这个难得的"走出去"良机，通过对自身技术、管理等方面的不断完善，寻求更广阔的发展空间，成就百年基业。

第六篇

成高阀门：管线球阀专家

陈　曦

　　多年以来，天然气作为清洁能源在能源消费中所占的比例一直在稳定地增加。宏观上看，增加天然气在一次能源消费中的比例能够调整能源结构，保护环境减少碳排放；微观上看，天然气进入千家万户可以让老百姓免去了烧煤、烧柴和换煤气罐的麻烦。无论是从国家能源安全考虑，还是从民生角度来看，天然气的开发和利用都是大有益处的。

　　中国西部地区的塔里木、柴达木、陕甘宁和四川盆地蕴藏着26万亿立方米的天然气资源，约占全国陆上天然气资源的87%。根据天然气的资源状况和勘探形势，国家决定启动西气东输工程，把西部的资源优势变成经济优势，满足西部、中部、东部地区群众生活对天然气的迫切需要。

　　要把西部的天然气输送至东部的百姓家中，需要建设几千公里长的管道，每一条管道之中，都缺不了阀门。

　　西气东输二线工程中，80%的大口径管线球阀由国内阀门企业提供。而在一线工程中，中国的阀门企业曾几乎全军覆没。"因为我们国产化的成功，较为彻底地改变了现状。"成都成高阀门有限公司董事长丁骐的这句话，充分显示了成高阀门作为国内管线球阀冠军的底气。

西气东输国家超级工程的国产化功臣

在油气工业管道上，每隔一段距离就需要安装一台截断球阀，以实现对工业管道的启闭、流量控制，因此管线球阀是西气东输工程中的关键设备。特别对于长输管道而言，管线球阀是三大关键设备之一。

由于长输管道所经历的地质环境复杂，横跨山川、河流、沙漠

等恶劣地质环境，同时会遭受外部不可控因素的破坏，对长输管道运行进行监控和维护存在极大难度，因此长输管道所使用球阀必须具有高可靠性和安全性。另外，由于天然气不易于存储而必须开采、运输和消费同时进行，因此天然气长输管道主干线在设计寿命服役期间必须保证其不间断安全可靠运行，从而对于管线球阀提出了更高的制造技术要求。

西气东输工程建造的是我国距离最长、口径最大的输气管道，因而其所需要的球阀口径大，研制难度大。西气东输主干线的截断球阀不仅要承载内部载荷作用还要承受复杂外部环境以及不可预测的地质沉降和地震影响，因此要求管线球阀必须安全可靠，保证输送系统在 30 年之内安全运行。

与其他重大工程一样，西气东输装备国产化也是一个漫长而艰辛的过程。在一线工程中，几乎全部设备采用了外国装备，而从二线工程开始，国产化率逐渐提升，尤其是管线球阀产品，八成以上采用的是中国企业的产品。

长期致力于中高压球阀的研发与制造的四川成都成高阀门有限公司（以下简称"成高阀门"），主要产品为应用于油气管线输送、石油化工等领域的中高档工业阀门，正是西气东输工程国产化的功臣之一——为工程提供了价值近 7 亿元的球阀产品。

在西气东输一线工程中，阀门领域几乎没有采用中国产品。原因之一是用户不信任中国产品，之二是中国企业确实没做好准备。经历了西气东输一线工程中的失利，丁骐痛定思痛，他回忆当时的心情，虽然沮丧，但是心中有了斗志。他发现了市场，并立刻组织研发，"西气东输一线在建的过程中其实我们就知道，天然气长输管线要用什么样的产品，知道自己要向这个方面努力。所以在一线建设的时候，我们收集了非常多的资料，做了很多产品技术的准备。"

在做技术准备的时候，成高阀门多次邀请用户到公司进行实地考察，并且积极地把技术方案、产品拿出来与客户一起研究、反复验证。正是因为这样的努力，用户看到了成高阀门的诚心与决心，同意先少量试用成高阀门的产品。产品投入使用，只是阶段性的成功，经过磨合期后，最终的使用效果令客户满意才能算胜利。丁骐回忆说，"磨合是非常痛苦的过程。从产品的不适应到适应，到后来超越国外的产品，很不容易。国外的产品在中国使用也有水土不服之处。我们的设计和研发能充分考虑国内管道的干净程度、建设过程的粗糙程度等因素，开发出相应的产品。我们在国内，有什么问题随传随到。我们和客户的技术人员能保持良好的沟通，一有问题，我们就参与到研讨中。我们的产品在不停地完善，再加上服务及时，效果很好。"

成高阀门的管线球阀和技术服务除了应用在西气东输二、三线工程中，还应用在中俄天然气输送管道工程、中缅天然气输送管道工程、神华宁煤工程、锦郑成品油管道工程、庆铁线改造工程等国内外重大工程中。

西气东输工程球阀国产化的成功，让成高阀门在技术上跃升了一个等级，也为其打开了国内国际市场，更重要的是，在国际竞争中的地位大幅提升。"参加西气东输球阀国产化的这个项目以后，我们的提高也很快。原来国外企业在大口径管线球阀领域里是垄断的。用户想要安全性高的，基本都是买国外的。所以这样一来成高阀门在这方面没有业绩，但是在我们实现西气东输球阀国产化之后，这种情况得到了改变。"丁骐如是说。

做细分市场的专家

阀门，是通用机械中的一个分支，应用广泛、种类繁多。

成高阀门董事长丁骐介绍："虽然阀门在通用行业里面是很小的一块，但是它涉及的领域很大。什么地方都需要阀门，所以阀门的种类很多，有工业阀门，有民用阀门。"

工业阀门从应用领域来看也分很多种类，型号之多无须言表。成高阀门所专注的领域是石油天然气行业的球阀，可以说是一个不大的行业中的一个更小的分支。

从成立至今，成高阀门对自己的定位从没有变过——成为球阀领域的专家。这是丁骐所说的，与行业错开一小步——不求产品种类覆盖面大，而是专注于在细分市场成为领导者。

丁骐认为，"成高阀门和其他公司最大的不同在于其他公司产品种类多，像我们这种做得非常专一的公司很少。成高做管线球阀，就以管线球阀为主做精。正因为我们在这个领域做得非常专一，我们投入的包括技术改造、产品开发、品牌打造等都围绕主要业务。我们如果什么都做，就很难把一个产品做得非常好。我们就专一地做这么一个东西。目前在国内我们已经有一定的影响力了，客户也好、行业也好，一说到成高都知道是做管线球阀的。"

目前，成高阀门是国内唯一一家只生产球阀的企业。在油气管线球阀领域，成高阀门的高压大口径全焊接球阀市场占有率长年占据国内第一、全球前三的位置，国内市场占有率超过50%，全球市场份额超过30%。至今，成高阀门还保持着国内最大额单一订单的纪录，无人打破。

　　自 1995 年起，成高阀门的管线球阀就大量出口国外，远销至美国、加拿大、英国、荷兰、巴西、中东及东南亚等地区，已经具备与外国企业竞争的实力。

　　专注于某个细分市场势必会增加深度，但是同时，也可能会遇到市场狭小、市场容量有限的问题。对此，成高阀门早有领悟。丁骐说，过于专注可能导致市场面很窄。这个市场如果是在饱和的程度下，要捅破天花板、要迅速地做大很难。但是丁骐分析，全世界的阀门公司中没有一个进了世界五百强，没有一个上百亿上千亿的阀门公司。全世界的优秀阀门公司都是非常专一的。所有的阀门公司都不大，也没有一家公司可以垄断整个市场。它不像电视机，经过这些年的市场竞争，形成几个龙头以后就把市场瓜分了。所以这个就给我们提出一个问题，是要做大还是做强？"我的目标是在这个领域做强。做强的含义就是，产品的专业度，品牌的维护，产品的质量，这些方面争取继续保持在中国的第一。"丁骐说。

也正是因为所在市场小，成高阀门对市场的理解更加深刻，这也让其能够有的放矢地调整战略。丁骐表示，"完成了 48 寸大口径球阀的国产化以后，迈向了更高一步的 56 寸球阀。这个目前算是全世界的金字塔塔尖了，完成了以后，用户又对我们提出了更新的要求，比方我们现在正在开发 56×4 阀。当然管线球阀这个市场天花板比较有限，三五年以后，基础建设高潮过去以后，市场会逐步地缩小。那么我们就有了新的任务，除了管线球阀以外，我们现在也在开发液化天然气球阀或者化工的球阀。"

钻研技术靠创新赢得市场

与很多工业产品一样，中国阀门与外国产品相比，存在着技术水平低、中低端竞争激烈的情况。虽然起步晚，实力弱，但是多年来政府对国产化的支持把一些相对条件好一点的企业推向了中高端。成高阀门受国家能源局、中石油科技中心、中国机械工业联合会委托开展的"48 寸油气管线高压大口径球阀国产化"项目已成功通过验收；为保障国家能源动脉安全作出了贡献。2016 年，成高阀门研制的 56 寸油气管线高压大口径球阀，技术经鉴定为国际先进，填补了该项国内技术空白。

工业阀门领域中，高端产品有三类，航空阀门自不必说，核电是其二，长输管线阀门是其三。专注于高端产品有一定的风险。因为其安全性要求相对高，用户对安全性和质量要求高过其他方面，甚至是价格。所以，高端产品的门槛相对要高，技术投入也需更多、更持续。

要应对市场的变化，企业必须有足够的技术储备，以备在关键时能够把客户的需求实现到产品上。成高阀门的技术中心和研究所中，有一批中国最早从事球阀技术研究的专家，他们从事管线球阀技术研究工作最高超过 40 年，经历了中国管线球阀从无到有、从弱到强的整个发展历程，对管线球阀具有深刻的认识。

2003 年，成高阀门通过分析，并结合阀门在现场的失效模式，在国内首次提出橡胶复合密封管线球阀的概念，取代传统的单一塑料阀座。并大胆采用新型橡胶复合密封作为阀座，开发了橡胶复合密封锻钢球阀。成高阀门的创新是一场结构替代性的革命，为其日后引领行业发展打下了基础。

一直以来，成高阀门十分重视产学研合作和新技术、新工艺研究开发，早在 2002 年就与四川大学合作开展管线球阀的科技攻关工作，取得多项技术成果和专利。现在，公司已经形成了以高校专家和企业技术骨干为主体的研发队伍，目前公司专业化技术人才梯队覆盖了从博士、硕士、本科到高级技术工人的整个人才技术体系。

2006 年，成高阀门的技术团队，多次从成都往返廊坊、郑州等地介绍推广新产品，使公司全国首创的新型橡胶复合密封锻钢球阀产品第一次获得了用户的信赖，并获得了首次应用。从此，新型橡胶复合密封阀座的球阀，占据油气管线行业至今，引领了行业发展，成为管线球阀的标准技术配置。

近年来，成高阀门研发投入主营业务收入的 3% 左右，每年的投入总额都是千万等级的。比如，公司大胆投资管线球阀完整试验和检测设备，拥有专业化的实验室，能够开展高温、低温、微泄漏、流量特性的功能性试验和检测工作。"一两千万的产品开发成本，就在（试车）车间里面摆着。出现问题了不停地改，不停地试。"丁骐表示。

成高阀门在技术上的执着与投入有了丰厚的回报，多年生产经验和技术积累、核心技术和工艺能够保证产品质量，工程应用证明成高阀门的管线球阀现场使用过程中出现故障和事故率远低于同行业企业。

中国制造业的模仿能力虽强，但往往是知其然不知其所以然，因此总是跟随而非引领。而成高阀门现在所做的技术研发，已经上升到理论研究，深入到最核心的领域。成高阀门的研发团队中，专门设立了一个理论组，由一位博士主导，几名研究生参与，并且与几所院校合作。丁骐介绍，"以前中国包括亚洲很多国家搞山寨，就是人家做了什么东西我照样做，但是为什么这么做都不知道，我现在就要求技术部门，不但要看他是怎么做的，而且要知道他为什么这么做。所以我们现在和几个大学合作，在材料、产品性能等方面做了很多实验。"

其实，诸如实验设备、理论研究的投入，都不能在短期带来直接效益，而是需要长期的坚持才能看见成效。丁骐认为，"现在花了很多代价，为我们下一步的产品开发打下了很好的基础，我们现在的产品开发比以前要顺得多了。以前是开发产品出来试，试了不好后再找原因。现在我们在出错之前就找到问题，从理论上就研究了很多。"

为进一步提升研发能力，成高阀门与多所高校建立合作关系，到 2017 年，公司已建立四川省企业技术中心、成都市院士（专家）工作站、企业科协。同时，公司与四川大学、西南石油大学建立了长期的产学研合作关系，同兰州理工大学、西南交通大学、天津大学有着良好的技术合作；同焊研威达、四川大西洋焊接材料股份有限公司、北京钢铁研究院、中石油西南油气田国家材料腐蚀中心、中国测试研究院、合肥通用机械研究院等单位共同进行合作，解决技术难题。

系统管理提升推己及人

深度是隐形冠军企业的优势所在，深度可以向着客户延伸，也可以向着供应商延伸。

中国企业与外国企业的差距之一，就体现在管理细节上。随着客户企业在管理、社会责任等方面的细化，成高阀门面对的客户需求越来越高。如今，客户的要求已经超越了技术水平、产品质量等，更加延伸到企业管理水平中。因此，拥有大型企业和外企客户，助推了成高阀门自身系统管理水平的提升。丁骐回忆，"其实我们也有一个渐进的过程，也是通过这几年中石油、中石化、中海油这些大国企，包括国外用户，对我们的要求。我们也交了很多学费。现在用户要求越来越高，比如厂区道路上，斑马线画没画他都要提出来。我们以前有一些中国人的习惯是不符合国际标准的。如果按照现在对人的关怀和人性这个角度的考虑，我们还需要整改。"

成高阀门的管理提升，正是中国制造业从粗放向精细转变的缩影，也是转型升级的必经之路。丁骐坦言，"开始我们还是挺烦的，我们认为产品质量已经被认可了，你还要求这些东西，比如工会健不健全，这都要卡着。现在我们明白对企业的要求全面是有道理的。因为从客户的角度来看如果你要作为我的供应商，我是希望你成为长期战略合作伙伴。我不希望你今天还在，明天就倒闭或者停产了。

我们公司合作的是国内的大型企业，参与的是国家重点建设，而且现在我们还想走出去，所以无论是客户对我们，还是我们对自己的要求都越来越高。实际上成高阀门现在受到的压力，是怎样做一个更好的企业，因为客户不单纯看你的产品质量，还要看管理系统。"

成高阀门把从客户那学到的管理理念推及自己的供应商中，对供应商要求严格，同时助推其升级。原则上，成高阀门的供应商必须取得认证，已经在硬件软件上都达到国家标准，如果对方没有经验，成高阀门还会派人辅导供应商。另外，成高阀门定期对客户进行突击检查。

为了品牌建设，从 2016 年开始，成高阀门在管理、规范上游供应商上积极作为，把优秀的理念向供应商推广。以前公司采取的方式是不作为，即谁的产品好就买谁的，谁的性价比高就买谁的。丁骐介绍，"当然我从来不鼓励买低价的，但是要求性价比。现在不一样了，从 2016 年开始，我提出，要求供应方和我们共同成长，这也是从品牌质量的角度考虑。我们希望把现在成高的质量管理，延伸到供应方去，因为我们的供应商的规模普遍比我们小，他们的管理规范普遍比我们差。产品质量管是管不好的，一定是全员意识伸展出来的结果。如果我的供应商管理是规范的、生产的产品质量稳定的话，我的风险就减小了。所以我们现在要求供应商尽可能和我们的差距不要太大。有问题没关系，我免费帮助你。"

龙头企业的未来

改革开放四十年以来，伴随着中国经济的飞速发展，工业水平、规模也大幅提升，中国成为世界瞩目的制造基地与消费市场。

巨大的市场潜力与政府的强力支持，助推中国企业大跨步发展。

中国作为全球最活跃的管线建设国家，也为业内企业提供了更多机会。丁骐回忆，"中国这么大的市场，再加上政府的支持，给企业带来很好的机遇。这样的机遇是全世界其他地方不具备的，因为全世界哪一个国家都没有中国这么大的市场，中国的企业进步很快。"

目前在国内管线球阀市场上，成高阀门无论是技术水平、市场份额还是品牌影响力都稳坐第一。但是，丁骐认为，"在中国市场上第一，有一席之地了，并不能算强。不强是什么意思呢？就是你的品牌不是国际品牌，国外对你的认可还不够。所以，为了开拓国际市场，去年我们在美国收购了一家公司。情况很好，从2017年11月到现在，公司每个月外销百万美金。四川和沿海城市不一样，信息、国际网络这些方面建设得比沿海差。过去我们一年出口都没超过200万美金。我们现在积极构建外国销售网络。"

对于成高阀门而言，在市场需求与国家政策鼓励的双重助推之下，无论是硬实力还是软实力都得到了跃升。从产品和服务角度看，质量和性能是成高阀门成为客户首选品牌的关键。未来，为了持续这一优势，公司逐渐加深智能化进程，力求让产品在保质保量的同时更加人性化。对此，公司也早早做好了准备，丁骐说："我们将会给用户提供更加人性化的产品，更加智能化的产品，让用户今后的管理能够实现无人化、远程操作，产品不是光比产品质量，还比服务。"

成高阀门已然是中国管线球阀领域的龙头企业，更跻身国际球阀市场的前三甲，但成高阀门的野心不止于此，而是向最高水平的企业看齐，成为世界领先的管线球阀企业。丁骐表示："我们希望，用我们在中国得到历练的产品去向国际知名的公司挑战。我们已经在世界管线球阀领域与最优秀企业齐步，这是大家公认的。"

第七篇

盾安智控："三高"企业的成长之路

秦 伟

"盾安智控创立于 1998 年，在创立之初公司即制定了战略定位，并将做行业第一品牌作为公司目标，具体定位为'高起点、高投入、高品质'的'三高'原则。"浙江盾安智控科技股份有限公司（以下简称"盾安智控"）总裁姚统回忆，"定下目标后就需要有一个强有力的执行团队，更需要整个团队始终坚持不断挑战自我才能实现目标。"

"当年我们在向目标挺进的过程中，碰到了让我们束手无策的难题。没有一流技术，怎能做出高品质的一流产品？没有高品质的产品，哪来行业第一的地位？公司在苦苦探索中前进，成立前三年，年年亏损，失落迷茫的情绪影响着整个团队的士气，路在何方？团队已找不到方向。"在最初发展阶段，经营团队也有过迷茫，但第一任董事长姚新义认为，盾安智控"三高"原则不能变，"亏钱也不能亏了信心，信心比什么都重要。"

以技术为基础，提升传统产品附加值

管理学中有一个术语叫"马太效应"，指的是"强者越强、弱者越弱"，中国的阀门行业在今后一段时期内将进入破产和兼并时代。也就是说，如果顺应时代发展，抓住了机遇，今后会越来越强大，反之就会被淘汰。一句话：要么出众，要么出局。

"市场需求不可能一成不变，企业的市场竞争力往往体现在其产品满足客户需求的程度及其领先性上。特别是现代市场上企业间的竞争日趋激烈，企业要想在市场上保持竞争优势，只有不断创新，开发新产品。"姚统表示，盾安智控一直以这样的思路和格局去布局，力争获得行业发展的新突破。

2015 年年底，浙江盾安阀门有限公司完成企业改制，正式更名为浙江盾安智控科技股份有限公司，这标志着盾安从传统阀门产业向智能化、自控化转变，致力于成为阀门应用解决方案的提供者，更好地服务于客户，引领行业发展。在技术决定经济价值的社

盾安智控新大门

会大环境下，以技术提升传统阀门的附加值，使盾安智控在阀门产业激烈的市场竞争中急流勇进，拥有长久的活力。

盾安智控的技术团队平均年龄在 30 岁左右，公司现有电子、电气、软件、机械、暖通五个团队，各个团队成员根据实际产品开发的需要，自由组合，通力合作，并且团队内经常组织内训及学习讨论会，团队成员介绍自己领域的基础知识，以供大家学习跨专业内容，在跨专业的交流学习中，鼓励大家冒出创新的火花。

盾安智控对技术创新有自己的认识，企业必须重视科研投入，注重新产品的开发，以新产品占领市场、巩固市场，不断提高企业的市场竞争力。在日趋激烈的市场环境下，企业的研发团队更要敏锐地洞悉市场动向，把握市场需求，而不能一味"闭门造车"。

比如，在"三供一业"的政策背景下，技术团队紧扣市场需求，在供热分户热计量系统的基础上，积极创新，结合最新的超长距低功耗数据传输（Long Range，以下简称"LoRa"）技术研发了基于最新物联网传输技术的 LoRa 智能阀控系统。该系统通过 LoRa 基站、LoRa 远程锁闭阀、远程阀控管理软件平台，以及与计费营收系统的对接，可以帮助客户实现"缴费开阀、欠费关阀"、调节阀门开度、防止"人情开阀"、在线监测、盗热分析等功能，大大降低客户的运营管理成本。同时 LoRa 技术的引入，也减少了施工布线的难度，大幅降低设备维护成本，热力公司可自建低成本、高可靠性的物联网传输网络。

在谈到对团队定位和产品的理解时，盾安智控一位年轻的工程师这样说："阀门就好像人的手脚，而电子设备、控制器、网络连接就像是人体的神经系统，互联网平台、大数据云计算则相当于人的大脑。大脑负责决策，神经系统负责把决策传递给手脚执行，并将执行的结果通过神经系统反馈给大脑，而大脑通过对反馈信息的录入和学习，优化和完善决策，提升下一次决策的准确度和效率。以物联网为基础，大数据云计算为依托，人工智能为核心，成为真正的'中国智造'！"

以品质为根本，让产品自己开口说话

小小铜阀门，广泛应用于自来水、燃气、暖通等领域。在人们的日常生活中虽不起眼，但越是基础建材，一旦出现问题，越是容易造成生活的困扰。面对国内建材品牌质量的参差不齐，"是否有品质保证"一直是消费者关注的焦点，售后服务也成为消费者选择品牌的重要参考依据。

由于自身产品过硬的品质，盾安智控突破18个月质保期的国家标准，首推"终身质保、免费更换"，向广大消费者郑重承诺，对旗下铜阀门产品提供终身质保服务，成为所有铜阀门品牌中第一个作出终身质保承诺的品牌。这也意味着，以后买盾安铜阀门产品，消费者再也没有了后顾之忧。

敢于作出如此远高于市场和客户预期的质量承诺，树立行业新标，盾安智控凭什么这么牛？

"实际上，我们敢于推出这个质量承诺，是以我们的产品品质过硬为前提的。"姚统为记者介绍，"你仔细看可以发现，每一个盾安铜阀门产品上，都会有一排编码，这也是盾安阀门的专属'身份证'。"通过产品"身份证"，盾安智控实现了从原材料到产品、从车间到市场的全流程质量追踪。

好的阀门产品，从选材到加工制作，每一个环节都需要精益求精。盾安智控始终践行采用优质的原材料生产优质产品的理念，国内全系列产品铜材全部使用 HPb59-1，并符合欧盟 CE 标准；关键密封材料来源于合资或者外资企业。为了确保产品质量，盾安智控坚持责任制造，不断从技术、管理上寻求突破，全面推行精益生产方式与信息化管理系统相结合的管理模式，形成了独具特色的盾安精益生产（以下简称 DPS）管理模式，不但实现了产品生产责任追溯，同时快速响应客户需求，努力为客户提供专业、可靠的阀门产品和应用解决方案。

2015 年 7 月，在国家质检新规实施后进行的一次堪称"史上最严"的无准备、无时间、无区域检查中，盾安智控被抽检的阀门产品全部合格。而在此次"质检风暴"中，行业不合格产品检出率为 20%，进入不合格榜单的不乏业内知名企业。

"这并不意外，因为正是公司一直以高标准要求进行品质管理，正是源于公司从创立开始就坚持的'三高'原则，才结成了这样的成果。"姚统冷静地说。

"卖盾安的产品，我们一直很放心。"武汉的张勇敢是盾安智控忠实的经销商，2003 年加盟盾安智控以来，他靠着专卖盾安阀门产品，实现了个人奋斗的小目标。"阀门行业发展到今天，已经进入到品牌和市场双向选择的时代，过去赚钱靠机会、靠关系，现在靠过硬的产品及服务。同时为顾客提供比竞争对手更多的价值，创造更多的解决方案，才能赢得更大的市场和用户。"经销商的话最直接也最能说明，"盾安阀门优秀的品牌形象，一直是帮助我们开拓市场的一柄利剑。从给水、供热、燃气阀门，到面向大型工程中所需要的各种专业阀门。盾安的品牌定位总能专业、高品质地满足最新用户的需求特征，实现阀门产品全覆盖，再加上盾安阀门一直以来对品质的苛刻要求，使产品稳定可靠，这无疑为我们业务的成功开展增加了砝码，在激烈的市场竞争中立于不败。"

以客户为中心，跨越千里的服务

对于企业来说，任何一个市场目标的达成，都来源于客户。"只有客户满意了、客户的问题解决了，我们才是有价值的，也才能赢得市场，赢得未来的发展。"姚统对"以客户为中心"的理念有着自己的理解，"要服务好每一个客户，就必须对客户有足够的了解。比如，我们要做到销量第一，就必须要了解与谁竞争，需要系统地去了解客户需要哪些产品、哪些服务，有什么痛点，然后针对性地去解决这些问题。"

"我们要做行业第一，就必须要有为客户服务的网络，为客户解决每一个微小问题更是我们的责任所在。这就需要我们的渠道能下沉得足够深、足够细，这里我讲一个盾安智控服务客户的小故事。"姚统对记者娓娓道来。

一名远在千里之外的天津市的居民冯先生遇到一件烦心事，他家用了十多年的阀门发生了漏水，而市场上同型号的产品已经完成了更新换代，而所有市面上的新产品均与家里的管道不匹配。无奈之下，抱着试一试的心态，给原有阀门的制造商，也就是盾安智控写了一封求助邮件，希望公司有库存产品帮他解决麻烦。

令冯先生想不到的是，邮件发出去，很快就收到了回复：盾安智控希望委派销售员上门了解具体情况，以便进一步处理。冯先生半信半疑地回了邮件，约定了时间。第二天，盾安智控天津片区销售员准时敲开了冯先生家的大门。

J02 硬密封截止阀　　　　　　Q53 钢柄黄铜球阀（红管家）

　　销售员详细询问了最近一段时间的阀门使用情况，并认真查看了漏水的阀门，发现冯先生家里的产品早已超出了正常的使用年限，而同样的产品已全部完成更新，老旧产品也没有库存。看到冯先生焦急无奈的情况，秉承"以客户为中心"的理念，销售员还是将情况反映给了公司。

　　"客户的事情没有小事情，我们一定要把客户的问题解决好"。得到反馈后，盾安智控经综合考虑，决定为冯先生再制作一个原型号产品。

　　半个月后，这个"私人定制"的阀门从浙江的店口小镇，跨越上千公里，来到了天津。销售员带着产品再次拜访了冯先生，并为其进行安装。在离开之前，销售员详细地为冯先生讲解了阀门产品使用的注意事项，并对冯先生说："以后还有什么问题及时和我们沟通，我们一定会第一时间过来了解情况。"

　　"想客户之所想，解客户之所难，这就是'以客户为中心'！"故事非常简单，非常生动，也非常直观地体现了盾安智控"以客户为中心"的理念。

以自信为起点，要做就做行业第一

"20年前就喊出了'盾安阀门、傲视群雄'的口号，到今天为止，大家看到的结果是我们的确做到了。现如今，我们在行业的地位已不可同日而语。"姚统说，今天的盾安智控发展目标非常明确，"成立之初就立下高起点、高品质、高投入的'三高'定位，凭借着一股要做就做第一的热情和执着，以行业第一的自信，我们有信心达成我们的目标。"

2016年，站在新起点的盾安智控，启动一场轰轰烈烈的意识革命行动。此次意识革命以"基因优化、文化重塑、能力提升"为出发点，旨在全面激发全集团内部的创业激情，提升公司的竞争力。

"我们将盾安智控的定位从'要做就做数一数二的企业'改成了'要做就做第一'。"姚统毫不掩饰自己内心的想法，"我们有做第一的雄心壮志，具备了做第一的条件能力，我们不仅'头顶天'、更有'脚踩地'的实干精神。"盾安智控以行业第一目标牵引行动，来配置资源。思维的变化带来的是格局的变化，公司目标愿景提升，能吸引更优秀的人才。而当格局发生变化，企业员工对自我能力成长的要求就不一样了，学习、信心等都会跟上去，这就是一个团队的正能量。

"行业第一的目标达成，是要有途径的。这就要求我们必须要拥有一流的客户，为了拥有一流的客户，就要拥有一流的产品，提供一流的服务，而为了能生产一流的产品和提供一流的服务，就需要拥有一流的人才，这些都是环环相扣，是必须要我们去完成的。"公司的思路很清晰，"比如红星阀门，根据目标牵引引进了专业技术人才、销售专家及行业精英人才，盾安阀门与华益精机聘请了国际行业专家级顾问，南通电站阀门引进了调节阀团队。这些人才的引进为盾安智控在'十三五'取得突破性的发展奠定了坚实基础。"姚统说。

由于目标牵引，客户群体也发生了质的变化，盾安智控已与葛洲坝、贵州水投、北控水务、港华燃气、中国燃气、三大核电集团、海尔、AO史密斯等众多行业顶尖企业展开了合作，并获得了相应业绩，打开了市场。

更值得一提的是，2018年5月3日，盾安智控的骨干公司南通电站阀门研发的"超临界锻钢孔板憋压阀"和"超超临界主蒸汽暖管闸阀"两项新产品均顺利通过鉴定，鉴定委员会一致认为新产品主要技术性能指标达到同类产品国内领先水平。其中，"超临界锻钢孔板憋压阀"为国内首台（套）使用，填补国内空白，替代进口，对推动关键阀门国产化作出了重要贡献，进一步提升了南通电站阀门在火力发电行业的影响力，为抢占火电机组超（超）临界高端阀门市场赢得先机。

企业要有家国情怀才能做大做强；企业家要有企业家精神才能带领团队去实现梦想；团队要有怀抱远大目标并具备企业家精神的领军人物，才能聚集有创业激情和奋斗精神的精英。假如精英团队能够坚持以顾客为中心，以奋斗者为本，长期艰苦奋斗，做到力出一孔，利出一孔，你还怀疑他们做到"行业第一"是一种遥不可及的幻想吗？

第八篇

吴忠仪表：做世界最好的阀门

焦建全

　　"天下黄河富宁夏"的黄河吴忠段，矗立着吴忠仪表崭新、整齐、宽敞的花园式工厂，走进厂房，员工们正在精心加工一个个奇形怪状的"铁疙瘩"。

　　然而，这些"铁疙瘩"并不寻常。它们是吴忠仪表有限责任公司（以下简称"吴忠仪表"）的拳头产品——高参数控制阀，凭借这些高端控制阀，吴忠仪表走向我国流程工业自动化控制领域中控制阀行业的龙头企业地位，企业综合规模位居全国同行业第一，产品在千万吨炼油、大型炼钢、百万吨乙烯，超临界电站、核电、长输管线、液化天然气及空分设备、大型煤化工、轻工造纸及制药以及深海装备等重大项目中发挥了重要作用。

　　吴忠仪表副总经理、总工程师常占东告诉记者："这些融合智慧的阀门，使国家多个重大工程项目的高端控制阀实现国产化替代，用户成本大大降低。吴忠仪表研发的阀门产品，性能达到甚至超过了国际水平。"

在参与国家重大工程项目的同时，吴忠仪表也实现了快速发展，营业收入连年增加，2017 年销售收入已超过 15 亿元，高端控制阀产品比例逐年增多，实现了产品由中低端向中高端的转型。

这一路走来，有着近 60 年历史的吴忠仪表历经沧桑：始建于 1959 年，在"三线建设"中得到青睐，在改革开放中首批成功上市，后又被剥离出上市公司，历经了辉煌、阵痛、低潮、再生。

光荣梦想

20 年前，历经近 40 年发展的吴忠仪表，有着为毛主席纪念堂提供设备的光荣，也开始了多元化发展的梦想。

1976 年年底，宁夏吴忠仪表厂接受了一项高度机密的政治任

务，为毛主席纪念堂生产调节阀和低温阀，中共中央主席毛泽东在这一年的 9 月 9 日逝世。吴忠仪表厂紧急动员，从原材料到每一道工序都层层把关，不能有一点闪失。1977 年 5 月，吴忠仪表厂生产的直通双座调节阀和低温阀用于毛主席纪念堂，受到"毛主席纪念堂工程现场指挥部"的嘉奖，这表明了吴忠仪表厂在全国仪器仪表行业的地位，是吴忠仪表历史上引以为豪的事件。

1997 年，吴忠仪表厂还为毛主席纪念堂更换过一次阀门，最近一次更换是在 2018 年，更换下来的阀门被吴忠仪表精心地保存下来，作为吴忠仪表历史实物工业博物馆的馆藏。

吴忠仪表历史辉煌。1959 年 6 月，宁夏回族自治区成立不久，自治区机械局决定由银川市机电仪表厂和吴忠五金厂仪表车间合并组建吴忠仪表厂，主要生产拖拉机压力表、温度表和地质罗盘仪。1964 年，"三线建设"开始，第一机械工业部（以下简称"一机部"）决定投资扩建吴忠仪表厂并划为一机部直属企业，并从上海自动化仪表七厂搬迁一些职工，从全国仪表行业抽调技术工人和管理干部，从全国各大院校分配 70 多名大中专毕业生，组建为"第一机械工业部吴忠仪表厂"，开始生产调节阀（控制阀）产品，这是吴忠仪表生产调节阀的开始。

然而，"文化大革命"来临，"武斗"给生产带来破坏，在恶劣条件下，吴忠仪表厂仍然自主设计了 G 系列 750 公斤超高压阀，在 1972 年，就淘汰了仿制苏联的调节阀，开始生产我国统一设计的产品。紧接着，又完成了一系列自主研发的新产品试制及批量化生产，并设计出大口径球阀。1978 年 9 月，在全国科学大会上，吴忠仪表厂的三项产品获得全国科学大会奖。在随后的 10 年里，吴忠仪表通过技术引进，取得快速进步，缩小了和国际上同类企业的差距，1988年，吴忠仪表厂当选为中国仪器仪表行业协会和工业自动化仪表行业常务理事单位。

从1980年开始，吴忠仪表先后多次引进日本山武·霍尼韦尔公司先进的设计制造技术并消化吸收开始国产化，在改造老产品的同时还研制开发了一系列新产品，到20世纪90年代，已经形成60个系列、33种附件、6000多个品种规格的产品系列。其产品为我国大庆油田、胜利油田、上海石化、扬子石化、秦山核电站、宝钢、武钢、长江葛洲坝水利枢纽、青岛黄岛码头、西昌航天发射基地，以及造纸、轻纺等一大批国家重点、大型工程项目配套，产品还出口日本、韩国、新加坡、泰国、印尼、孟加拉国、巴基斯坦、以色列等国。

1997年8月18日，吴忠仪表厂改为有限公司，1998年3月18日，更名为吴忠仪表集团有限公司（以下简称"集团公司"），为上市做准备。1998年4月7日，集团公司发起设立"吴忠仪表股份有限公司"（以下简称"吴忠仪表股份"），改制上市，集团公司将主要经营资产投入股份公司，非经营性资产剥离，截至1997年6月30日评估基准日的经营性净资产9230.77万元投入股份公司，按65%的折股比例折为6000万股国家股。

1998年6月15日，吴忠股份股票在深圳证券交易所成功发行，简称吴忠仪表，代码000862，9月15日，成功挂牌上市。

当年正值亚洲金融危机，国企下岗和破产严重，而吴忠仪表股份逆势而上，从资本市场融资3亿元左右，主要投资于以下项目：一是投资6500万元左右用于技改项目，主要是提高工厂新产品开发能力，加快工厂自动化进程，解决铸件毛坯质量，增加关键件的加工设备和产品装配检测仪器；二是投资7600万元用于精小型O

型球阀、蝶阀、电动执行机构技术改造项目；三是投资近 1.8 亿元用于与美国血液技术公司合资开发的精密自动控制阀门项目；四是投资 4800 万元用于发展大口径泵阀及特种泵阀技术改造项目。

吴忠仪表股份上市当年实现净利润 4423 万元，比招股说明书预测盈利增加了 1244.9 万元，2000 年，吴忠仪表股份通过配股募得 2.72 亿元，吴忠仪表成为行业 A 股第一股，被股民称为仪表大王，一时风头无二。吴忠仪表踌躇满志，有了商品市场和资本市场的双轮驱动，以调节阀龙头的姿态开始了多元发展的梦想。

曲折前行

然而，资本市场是把双刃剑，用得好，加速企业做大做强；用不好，反而会伤了自己。

吴忠仪表股份从资本市场募集来充沛资金后，成为国内最大的自动调节阀生产研发基地，进入历史上的辉煌时期。1999 年 4 月，吴忠仪表股份被科技部确认为"全国重点高新技术企业"，在 2002 年还建立了企业博士后科研工作站，吴忠仪表股份企业技术中心还组建了一些专业研究室，创造了全国同行业企业的九个第一。

然而，随后的两年，吴忠仪表股份却陷入了巨亏深渊。2001 年还盈利 5000 多万元，却在 2003 年亏损 3000 多万元，2004 年更是亏损近 4 亿元。

吴忠仪表股份究竟怎么了？资本市场是一把双刃剑，吴忠仪表股份恰恰是挥剑自残。

首先是投资失误。1998 年 9 月上市之后，吴忠仪表股份频频对外投资，其投资项目涉及生物医药、电子商务、纳米材料、汽车配件，参股证券公司、环保设备、房地产、海水淡化、血液银行等，几乎涵盖了当年证券市场中所有的热门概念，控股参股公司近 20 家。但是，这些投资绝大多数没有收益，个别公司甚至资不抵债，且涉及行业较多，投资项目与主业之间关联度差，投资效益低下。

如吴忠仪表股份在招股书里，要利用近 1.8 亿元的募集资金投资精密自动控制阀门项目，当时称，该项目是与美国血液技术公司合资开发，项目投产后，每年可新增销售收入 3.6 亿元，税后利润 9768 万元。但在公司的财务报表中，却很难看到该项目为公司带来的收益。再如吴忠仪表股份曾称要与清华大学汽车研究所合作，开发研制汽车防抱死制动系统，又称 ABS 系统，并预期项目达产后年销售额为 6 亿元，利税 2 亿元。结果这个项目也没有了下文。

其次是时任高管监守自盗，非法理财。1998 年至 2003 年间，吴忠仪表股份以多种形式进行账务处理，累计转移资金 1.8 亿元给高管自己控制的公司理财，未经董事会、股东大会决议，更没有签署相关协议，也从未公开披露过相关事项。2004 年 12 月，涉及此案的吴忠仪表股份三个高管因涉嫌贪污被宁夏回族自治区公安厅逮捕。

此外大股东占用资金问题突出，累计占用吴忠仪表股份公司资金 1 亿多元，吞噬了原属于公司的巨额利润。

无可奈何之下，吴忠仪表股份寻求资产重组。2005 年 9 月，第一大股东更换为宁夏发电集团，随即，吴忠仪表股份和宁夏发电集团成立风力和光伏企业，历经 2006 年的股权分置改革之后，虽然调节阀依然在吴忠仪表股份的年报中是主营业务，但是，随着公司主要业务调整，吴忠仪表在股票市场的名字也随之改变。2007

年 5 月 8 日，"吴忠仪表股份有限公司"变更为"宁夏银星能源股份有限公司"，股票名称随之调整为"银星能源"。资本市场上曾闻名遐迩的吴忠仪表股份退出资本市场舞台。

直到 2009 年，这一年的年报披露，银星能源总营收 7.9 亿多元，而曾经的主业自动化仪表调节阀业务营收仅仅 2.89 亿元多一点。改名后，调节阀业务只是银星能源年报中业务的一小块，成为自动化仪表的别称。

但是，"吴忠仪表"作为品牌依然保存，作为上市公司业务单元之一，调节阀业务也在苦练内功。技术改造是一个很好的选择。2006 年，时任吴忠仪表董事、副总经理、总工程师的马玉山分析了自动化仪表当时的生产能力，认为技术改造无疑是一个最直接、最有效的方法，在企业现有的基础上，用先进技术代替落后技术，用先进工艺和装备代替老旧工艺装备，不仅会提高企业的经济效益，还能在很大程度上改善员工的劳动强度和劳动环境。

终于等来了机会。2008 年，银星能源自动化仪表业务"满足重大技术装备关键调节阀产业化"和"年产一万台硬密封球阀产业化项目"经国家发展和改革委员会批准立项并获资金支持，由马玉山负责技术改造。2009 年 5 月，技术改造启动，成立了 8 个工作组，对铸造、机械加工、装配生产线进行全面改造。通过技改，将具备制造大口径和超大调节阀的技术和生产能力，形成年生产调节阀 3.6 万台 / 年的产能，其中重大技术装备关键调节阀 1700 台 / 年，为自动化仪表调节阀的升级奠定了基础。

但是，控制阀业务在上市公司的比重越来越小，受到的重视也不比从前，吴忠仪表期待着再生，期待再创辉煌，续写自己在仪表行业的光荣与梦想。

涅槃再生

时机来临，吴忠仪表再生。2010 年 1 月 27 日，银星能源引进战略投资者香港上市公司中国自动化和另一家公司，合资成立吴忠仪表有限责任公司。合资公司注册资金 3.2 亿元，银星能源以自动化仪表业务出资 1.6 亿元，中国自动化和另一家公司合计出资 1.6 亿元，各占 25% 的注册资本。自此吴忠仪表涅槃再生。

历经三年，吴忠仪表产权上的改革才彻底完成。到 2012 年 12 月，中国自动化及其附属公司，宣布与银星能源达成收购协议，以总现金代价约 6600 万人民币，收购吴忠仪表余下的 20% 股权。在此之前，中国自动化原持有吴忠仪表 25% 的股权，后又于 2011 年 5 月及 2012 年 5 月分别把持股量增加至 50% 及 80%。从此以后，银星能源不再持有吴忠仪表的股权，中国自动化拥有了吴忠仪表的全部股权。

中国自动化的业务与吴忠仪表具有互补性。投资者中国自动化于 2007 年 7 月 12 日在香港主板上市，是中国石化行业安全及关键控制系统解决方案领先供货商、中国本地领先控制阀制造商，中国铁路信号系统解决方案领先供货商和中国铁路行业牵引系统、辅助电源相关设备的供货商之一。

吴忠仪表获得再生，时任董事、副总经理和总工程师马玉山由此成为新的吴忠仪表总经理。马玉山大学毕业就分配到吴忠仪表厂，历任吴忠仪表厂技术中心技术员、室主任、技术中心副主任、主任，吴忠仪表股份有限公司总经理助理、董事、总工程师，具有工学博士学位，是享受国务院特殊津贴的专家。

2016 年吴忠仪表新厂区鸟瞰图

总经理马玉山亲历过吴忠仪表曾经的辉煌和低潮。他审时度势，提出专业化和高端化的战略思路，要通过产品技术升级和信息化自主研发，帮助有半个世纪历史的老厂转型，进入控制阀高端市场。

然而，由于吴忠仪表上市后的曲折震荡，到 2009 年年底，自动化仪表业务方面的专业技术人才有 200 多人流失到全国各地，几乎造成了吴忠仪表人才断代。

于是，带出新团队是吴忠仪表技术升级和成功转型的关键，练兵场就是"高端控制阀关键技术自主创新和产业化"项目的研究与实施。马玉山带领团队，通过开展原创性控制阀技术研发，利用控制阀动态规律及运动机理研究，对专门应用于控制阀的特殊材料及相关工艺进行研究攻关，从设计、材料、工艺三方面系统解决了高端控制阀国产化的关键共性技术，使控制阀的使用寿命比国外同类产品延长了数倍，且价格大幅下降。此举不仅使吴忠仪表处于行业技术领先地位，更带动我国控制阀行业整体技术水平进步了约 15 年。

与此同时，结合控制阀制造企业的生产、管理特点，在总结吴忠仪表 20 年的信息化建设成果的基础上，马玉山带领团队自主开发了泛 ERP 企业资源计划系统，通过信息技术与企业经营、管理、生产等各个层面的融合，实现了制造业企业信息化，使公司整体工作效率和经济效益大大提升，增强了企业综合竞争实力，被认定为全国"两化"融合示范企业，得到科技部信息化专家的评价和肯定，并获省级科技进步一等奖，同时出版了专著《泛 ERP——两化融合的成功之道》。

马玉山同时获得一系列光荣称号：国家科技进步二等奖获得者、全国杰出专业技术人才、国家中青年科技创新领军人才、国家"万人计划"科技创新领军人才、宁夏回族自治区首批"塞上英才"、科技部中青年科技创新领军人才。2014 年 10 月 29 日，马玉山更是获得何梁何利基金科学与技术创新奖。该奖项是授予具有高水平科技成就，且通过技术创新和管理创新，并创建自主知识产权产业和著名品牌，从而创造重大经济效益和社会效益的杰出贡献者。设奖以来，中国科学院院士和中国工程院院士获奖者约占三分之二，著名科学家钱学森、钱伟长、袁隆平等名列其中。

更为关键的是，吴忠仪表通过自主培养、柔性引进、海外引进人才等人才培养机制，建立了新的人才梯队。吴忠仪表现有技术人才 280 多人，教授级高工和高级工程师 41 人，工程师 89 人，博士 6 人，硕士 35 人，高级技师 6 人，形成了吴忠仪表独特的科研技术队伍。

技术英才

"怎么吴忠仪表来的总工，长得都很年轻？"这是吴忠仪表现任副总经理、总工程师常占东近年带领团队出外工作时经常遇到的提问，问话者认为，像吴忠仪表这样有近六十年历史的企业，总工一般不是六十多也起码五十好几岁。

"我今年45岁，已经是这个团队年龄最大的。"常占东告诉记者。常占东现在是吴忠仪表科研技术团队的带头人，而自身也是吴忠仪表人才成长的一个典型。

2014年，常占东由研发部部长接任总工程师。随着工作的调整，常占东的工作内容也由产品结构设计过渡到既考虑结构设计，也考虑产品制造工艺，产品选型和高端产品市场推广也成为他的主要工作。仅在2016年，常占东全年出差达到48次，也就在这一年，他主持的吴忠仪表与中石油管道公司承担的大口径输油管线控制阀国产化替代工作进入运行大考，他带领科研团队苦心钻研三年生产出的产品，与国际一流品牌费希尔（FISHER）公司的产品并线运行时，性能指标参数达到同等水平。

在常占东团队努力下，吴忠仪表控制阀设计、制造技术飞速发展。特别是在高端控制阀恶劣工况领域，吴忠仪表的研究成果填补了多项国内应用空白，使煤化工汽化炉用锁渣球阀、煤粉输送阀、油品合成高频耐磨球阀等产品实现了国产化。

2017年春，常占东入选宁夏回族自治区第三届"塞上英才"，"塞上英才"每届入选人数不到20个，在颁奖简介里这样介绍常占东："长期从事煤化工、电站等高端控制阀的技术研发工作，带领团队将诸多先进制造技术引入控制阀的制造领域，参与完成多项国家重大科技专项、国家'863'计划项目及国家发展改革委、工信部、科技部等国家或部委科研课题，获国家科技进步二等奖 1 项，自治区科技进步奖一等奖 1 项，专利授权 17 项，所在团队每年申报专利 50 项以上。全国优秀科技工作者，享受国务院特殊津贴。"

尤其在与中石油共同承担的"长输管线关键用阀"国产化攻关中，吴忠仪表科研团队经常深入一线，把科研会议开到车间，反复讨论验证，最终研究成果在西气东输三线及原油管线中取得很好的效果。吴忠仪表研发部部长李虎生、高级工程师刘艳玲是这些管线建设的参与者。李虎生告诉记者，吴忠仪表的调节阀进入原油管道的配套后，又进入到天然气管道配套。天然气里面有硫化氢的成分，对阀体材料、抗硫化氢腐蚀都有特殊要求，同时调压阀在调压精度上、灵敏度要求上也是要求得比较高。刘艳玲补充说，输气跟输油还有区别，输油管道上面调压阀就一个阀，输气管道一般是三个阀，要合起来才能使用。

李虎生与刘艳玲也是吴忠仪表人才成长的典型。李虎生刚晋升为正高级高工。刘艳玲回顾自己的成长：2006 年前后，设计工程师少，好多年轻人都走了，一个研究室就只有两三个人来支撑产品的研发，刘艳玲负责球阀、V 球这一类产品，有新产品设计，还有特品设计，需要很短时间内完成任务。把自己的时间协调好，把工作效率提高成为刘艳玲成长的总结。而在进了新人以后，刘艳玲又无所保留地带徒弟，因此所在的部门快速成长起来。

吴忠仪表另一位高级工程师石月娟负责核电、火电方面调节阀业务，她告诉记者，吴忠仪表已成为一级供应商，在新建的核电站中实现了替代进口。李虎生、刘艳玲和石月娟有一个共同点，就是大学毕业后即到吴忠仪表工作，一步一步做到高级工程师，甚至正高级工程师。

国家级技能大师工作室主持人李军是吴忠仪表人才成长的另一个典型。2011 年 11 月，国家人力资源和社会保障部公布了第一批 50 个技能大师工作室，宁夏仅有两家，而李军技能大师工作室是其中之一。李军在宁夏职业技术学院毕业后就来吴忠仪表工作，恰逢吴忠仪表进口一批数控机床，李军潜心学习、实践，很快熟练掌握了数控机床的操作，"把机床的功能发挥到极致"成为李军对自己的要求，终于李军达到"随心所欲"操作机器的境界，同时在吴忠仪表新厂车间设计和专用加工工具方面作出了很大贡献。

目前，吴忠仪表已经建立了三个层次的技术创新体系。一是建立以高素质人才为主的产品研发和重大工艺的技术创新层，二是建立以实用人才为主的满足生产、市场、质量、管理等技术活动的技术支持层，三是建立以工人技师为主的满足生产现场技术指导和培养技能人才的技术服务层。为吴忠仪表的可持续发展和再创辉煌奠定了坚实的人才基础。

尾声：百年老店

神华宁煤煤制油项目中，吴忠仪表最早是作为技术服务团队上场，在更换零部件时，吴忠仪表研制的控制阀逐渐替代进口，不仅使用寿命比国外知名品牌长，价格也仅为国外产品的三分之一至四分之一。技术的进步、产品的升级，使国家多个重大工程中的阀门实现国产化替代，成本大大降低。

常占东说："有很多人认为国产仪表比不过国外产品，我们就是要打破这种成见。我可以自信地说，我们研发的产品，性能达到甚至超过了国际水平，因此，我们需要公平的竞争机会。我们相信，假以时日，我们能做出全球最好的阀门。"

现在，吴忠仪表已经成为我国流程工业自动化领域中控制阀行业的龙头企业。它在产品研发、制造能力、检测手段、服务体系、营销渠道等方面均具有很强的竞争力，产品品种覆盖率为85%，市场占有率达30%，服务于化工（石油、天然气、煤、盐碱）、冶金、电站、油气储运、轻工、船舶、水系统等众多流程工业的自动控制领域。

马玉山作为法定代表人，正在筹划更大的发展。常占东告诉记者："马玉山总经理特别强调对吴忠仪表历史物件的保存，在新厂设立了车间博物馆。他认为吴忠仪表这五十多年的历程就是我们国家装备制造业发展的一个缩影。在这段历程中有好多东西要保留下来。我们说是要打造百年老店，现在快六十年了，要让后来的人知道以前创业的过程、创业的艰辛，以便更好地一代代传承下去。"

第九篇

上海阿波罗：专心十年无旁骛实现核电泵国产

黎光寿

    "核电"作为一种安全高效、技术成熟的清洁能源，对保障经济快速发展中的中国能源供给和环境保护，都有着巨大的意义。从改革开放一开始，中国就着手在经济发达的浙江和广东建设了核电站，以图迅速缓解日益紧张的电力供应。

    但由于核燃料的放射性，核电站对技术和设备的要求特别高，中国最早期的核电站，完全就是"拿来主义"，甚至核电站里的灯泡都从国外进口，但随着核电在国外退潮，相关配套企业相继关门，中国人为了维护这些核电站，不得不自力更生。

    上海阿波罗机械股份有限公司（以下简称"阿波罗"）就是一家以维护核电站应运而生的企业，该公司以生产核电站需要的各种泵为主营业务，目前获得了核电泵类全部二级和三级的设计生产资质，成为中国核电泵类生产资质最完整的企业，其生产的核电泵类产品正逐步装备着中国的核电站，并随着中国核电走出国门而走向世界。

核电领域产品最全的泵企

"泵是核电站中非常重要的设备，只要有一台泵出问题，整个核电站都可能要面临停运。"上海阿波罗提供的资料显示，核电站里一共有 25 种关键设备，其中有 13 种与泵有关。而 2011 年日本福岛核电站的事故，就是因为海啸后核电站处于失电的状态，关键泵不能工作，核反应堆堆芯无法冷却，导致了巨大的灾难性事故。

成立于 2001 年的上海阿波罗机械股份有限公司，是一家专业化、集约化的核电站核级泵及重要非核级泵、核电后处理设备的核电全产业链设备供应与服务商。"我们有一种汽动辅助给水泵，在

失电意外发生后，利用余热蒸汽仍然可以继续供水，让堆芯冷却下来，从而避免福岛核电站的悲剧。"阿波罗公司副总经理张先生介绍。

公司资料介绍，阿波罗 2006 年把主业聚焦在核电领域，2009年 1 月获得了由国家核安全局颁发的核三级《民用核安全设备设计许可证》《民用核安全设备制造许可证》；2013 年 5 月，国家核安全局发布《关于批准上海阿波罗机械股份有限公司扩大民用核安全设备设计和制造许可活动范围的通知》，获得核二级设计 / 制造许可资质。2015 年 6 月 17 日成功登陆新三板。

作为一家民营企业，阿波罗早期只是生产普通泵产品的企业，之所以走上核级泵设计和制造的道路，首先是董事长陆金琪的魄力，他宁可放弃生产普通泵给公司带来的利润，自己抵押房屋贷款，也要为国家核电事业作出贡献，他找来享受国务院特殊津贴的专家明国卿来负责把握公司方向，让阿波罗后来居上，成为中国核级泵里的领军企业。

明国卿原是沈阳水泵厂总工程师，20 世纪 80 年代就参与过秦山核电站水泵的设计和制造，1998 年退休，2006 年到上海，做了阿波罗十年的总工程师，现在退居二线培养新人。明国卿告诉记者，之所以让阿波罗选择核电泵作为主业，主要是 2006 年中国提出核电设备国产化的口号，世界核电在中国，市场空间巨大，且核电泵属于高端泵，做好了核电泵，别的再做起来就没有任何问题。

"在行业里阿波罗能生产的核电泵规格最多，品种最全。"明国卿介绍，目前阿波罗已经实现了混凝土蜗壳海水循环泵、汽动辅助给水泵、电动辅助给水泵、主给水泵等核电站关键及重要用泵的自主化。除了必须具备核一级资质才能生产的核主泵外，阿波罗具有其他 12 种泵的设计生产资质。

据介绍，阿波罗产品混凝土蜗壳海水循环泵已在福清、方家山、防城港等核电站投入商运，主给水泵在田湾和岭澳核电站在线运行，性能稳定可靠，是全球少数具有混凝土蜗壳海水循环泵核心自主知识产权并能独立供货的企业之一，是国内为数不多的具备电动辅助给水泵、汽动辅助给水泵、主给水泵等核心自主知识产权和自主供货能力的企业。

阿波罗公司副总经理张先生介绍，现在阿波罗公司正在执行合同的有福清核电站 5 号、6 号机组、巴基斯坦 K2、K3 两个机组、红沿河核电站 5 号、6 号机组，一共有 18 台泵组。其中福清核电站 5 号、6 号机组和 K2、K3 机组，采用的是中国具有自主知识产权的第三代核电技术"华龙一号"，该型核电技术吸取了日本福岛核电站的经验，安全性再提高一步。

引进潮中坚持自主创新

中国核能行业协会最新发布的报告显示，截至 2016 年 12 月 31 日，中国已投入商业运行的核电机组共 35 台，运行装机容量约占全国电力装机的 2.04%。分布在浙江秦山核电站、广东大亚湾核电站和岭澳核电站、江苏田湾核电站等 7 个核电站。

"大亚湾全是进口的，甚至连灯泡都是进口的，相当于花钱把法国的核电站给复制过来。"阿波罗一位高管介绍，早期的核电站除了秦山一期坚持要自主研发、自己建设以外，基本上全部都是走的进口路线。"秦山核电站二期尽管要走自主研发的道路，但包括循环泵在内的主要泵都还是进口的，因为当时中国没有企业能做得出来。"

"中国是一个大国，核电这样的东西不能完全靠外国。"核电行业有专家介绍，早期中国进口的核电技术，运行多年之后，原先的外国企业发生了很大变化，有的破产了，有的被兼并了，有的因为政治原因对中国出口并不是那么顺利，给中国能源安全带来严重的隐患，也给国内企业的发展提供了机会。阿波罗就是这样抓住机会的。

明国卿介绍，2006年中国政府提出来核电设备国产化目标之后，阿波罗在当年10月27日到28日开了两天核电装备国产化的战略研讨会，认为这是阿波罗千载难逢的机会，公司确定将战略目标转到核电用泵上来，起步就从非核级的混凝土蜗壳海水循环泵开始，一步一步地将核电站的所有核级和非核级泵实现国产化。

确定了公司战略之后，2006年12月6日，公司先后与中核集团、中广核集团等有关单位做了沟通；并于12月25日向国家发展改革委、能源局、中国机械联合会等单位主要领导汇报。汇报中得知，一个月前发展改革委等几个单位才发文件将该泵正式列为一类引进的项目——因为几个大型水泵厂都说做不了非核级的海水循环泵。阿波罗代表却向这些领导汇报了他们能够国产化的计划，这些领导都很振奋，当即表态支持阿波罗。

这场见面给阿波罗管理层吃了定心丸。

在核电站中，海水循环泵属于大型设备，数量需求也很少，一个核电机组就只有两台。更关键的是，核电站中很多泵都要有备用泵，只有海水循环泵和核主泵没有备用泵，"没有备用泵，说明它的可靠性要求非常高，已经是最高级了"，一名技术员表示，"这两个泵只要任何一个出问题，就会造成核电站的停产，如果大亚湾一

混凝土蜗壳海水循环泵

台机组停工，一天损失就是 2500 万元"。

"当时我们面临的问题是：我们想国产化，但在实际工程上，有人却对我们能否实现国产化持怀疑态度。"明国卿说，有客户提出了许多问题，以考证阿波罗是否在夸大其词，"我们在他们提问的基础上，总结出来这个泵要实现国产化，必须攻克五大技术关键"，"我们见到每一个人，都会跟他不厌其烦地讲这五大技术关键，直到对方理解为止。"

在解决了主管部门和大客户的疑惑之后，阿波罗组织了一个攻关团队，人员除了阿波罗的技术骨干以外，还有设计院、电机厂、齿轮箱厂、推力轴承厂、铸造厂的技术代表，还有设计方中国核工业第二研究设计院的工程师等，形成了一个联合团队，分组攻关。

"如把这五个技术关键都解决了，那国产化就实现了。"明国卿说。

攻关小组首先面对的是一台具有美欧血统的百万千瓦级混凝土蜗壳海水循环泵，这也是核电站体积最大的泵。阿波罗攻关小组与客户密切结合，在认真总结其建造、安装、运行、维护经验的基础上，确定了改进方案，在保持该泵功能的同时，尤其强化了检修的便利性，让设计更加人性化。

2008 年 11 月 28 日，国家能源局、中机联在上海召开鉴定会，认为阿波罗的百万千瓦级混凝土蜗壳海水循环泵的研制是成功的，"重要技术指标达到了国外同类产品的先进水平，可替代进口，适用于百万千瓦级压水堆核电站"。明国卿说："我们曾说过要在两年之内完成。其结果是在开鉴定会的时候，距离两年还差八天，说明我们没有食言。"

取得核级泵入门证

企业要想获得核电站的供应资格，首先要取得国家核安全局颁发的《民用核安全设备设计许可证》和《民用核安全设备制造许可证》，施工单位才能采购该企业的产品或服务，使用单位才有机会使用。而取证的前提条件是具有可靠的设计与制造能力，要通过国家核安全局的验收。否则，无论企业的产品再好，跟有关用户关系再铁，都没有机会供应核电设备。

因为《民用核安全设备设计许可证》和《民用核安全设备制造许可证》实行分级制，一般统称"核级证"，有一二三级之分，一级是顶级的设备设计生产资质，二级三级相对简单一点。而企业取证，一般是从低到高的顺序。阿波罗要想进军核电领域，首先是要取得一个核三级证。

这次阿波罗选择的是电动辅助给水泵，简称"电辅泵"，这是一个核三级证的项目，阿波罗要靠这个设备打开核级泵的大门。从2007年开始电辅泵的研制开发工作，并做出了模拟件，2009年年初阿波罗通过了国家能源局和中机联组织的电辅泵样机鉴定，并取得了设计制造的核三级证。该核三级证的取得，算是阿波罗获得了第一张核泵入门许可证。

随后，阿波罗就全面铺开了核三级泵样机的研制，这些泵包含汽动辅助给水泵（简称"汽辅泵"）、设备冷却水泵、安全厂用水泵、硼酸输送泵、化学添加剂混合泵、乏燃料水冷却回路泵、硼酸再循环泵等。其中汽辅泵难度较大，该设备能在核电站突然失电后继续利用核电站余热驱动供水，保证让堆芯冷却，避免福岛核电站的灾难。2010年6月，汽辅泵通过国家鉴定，标志着阿波罗成为中国第一家、世界第二家能自主设计制造该泵的公司。同年8月，阿波罗完成了全部核三级泵的样机鉴定，使阿波罗成为国内第一家能提供全部核三级泵的公司。

2010年8月22日，阿波罗召开《百万千瓦级核电站部分核二级泵技术研讨会》，宣布开始核二级泵研发工作，2010年11月12日和中广核签署了联合开发协议，对核二级的安全壳喷淋泵、低压安注泵进行联合研发；2010年2月20日，公司决定与上海核工程研究设计院联合，全面启动第三代核电AP1000机组用泵的研发工作。5月29日，又启动了第四代核电主泵产品的研发工作。

2012年11月10日，阿波罗的安全壳喷淋泵、低压安注泵通过中机联组织的国家级鉴定，从而在2013年5月21日获得国家核安全局颁发的核二级证。接着阿波罗启动了核二级泵中的上充泵的研发工作，到 2017 年 11 月 8 日，阿波罗完成全部核二级泵的鉴定工作。

在核二级泵攻关取证的过程中，2011 年 3 月 4 日，公司召开了有中国核电工程公司（简称"中核"）、国家核电工程有限公司（简称"国核"）、华东电力设计院等有关专家参加的核电站主给水泵组样机研发研讨会，全面开展主给水泵的研发。

主给水泵是核电站常规岛系统技术难度最高的泵。阿波罗没有从一开始就研制主给水泵，而是先研制技术难度比较小的核三级泵，在做足技术储备后再研制主给水泵。在研制主给水泵的过程中，阿波罗采取"两步走"战略。即第一步以田湾模式研发多级主给水泵，第二步以立方米 10 堆型研发一机带两泵，两步都要分别设计制造出样机。

两种模式有什么区别呢？明国卿介绍，现有百万千瓦级机组的主给水泵有两种配置方式。其一为法国系统 M310 为 3×50% 配置，即两台运行，一台备用，其泵组由"前置泵＋电机＋液力耦合器＋主给水泵"组成，通称一机（一台电机）带两泵方式，简称一机带两泵。其二为连云港田湾核电机组 5×25% 配置，即 4 台运行，1 台备用，与电机直连，泵为多级泵（简称多级主给水泵）。

2011 年年底，阿波罗完成了田湾核电站多级主给水泵样机的研制。2012 年 2 月，上述样机在田湾核电机组给水系统中与其他进口泵一起投入并联运行。运行期间，2 月 11 日组织了由工程院院士叶奇蓁为组长的见证组，亲临田湾现场见证了该泵样机工业运行试验。见证纪要认为："国产核电用泵在核电站进行工业运行试验属国内首次，是一个创举。"

最后飞跃：建设领先的试验平台

2014 年 6 月 30 日，阿波罗建成核泵检测中心，可以进行产品测试。7 月 19 日，对"百万千瓦级核电站主给水泵组前置泵气蚀试验"召开了试验见证会——该泵的气蚀性能完全满足现有百万千瓦级给水系统对主给水泵组的要求，其扬程也完全满足了主给水泵的要求。

2014 年 9 月 30 日，百万千瓦级主给水泵组联调试验专用试验回路系统建造完成。该回路的建成，为核电主给水泵组的各项考核创造了条件。特别是创造了在核电站现场无法做到的但又必须考核的各种苛刻条件，如冷热冲击试验等。

2014 年 10 月 3 日到 30 日，阿波罗进行了主给水泵组联调试验。这实际是将上述已分别做过试验的前置泵和主给水泵的单泵，装在专用试验回路系统上进行的组合试验。其性质是对泵组的鉴定性考核试验。试验项目涵盖了有关技术规格书对主给水泵组联调试验的各项要求，包括泵组的冷热态试验、变转速试验、气蚀试验、最小流量及冷热冲击试验等。

当时进行试验的泵组性能参数是当时国内最大的，驱动电机功率为 12000 千瓦。试验也是对新建的试验回路系统本身进行的一次全面的考核。试验结果全部达到要求，试验回路系统的功能也完全满足主给水泵试验的要求，尤其是热冲击试验功能是目前国内外泵业第一家具备这种条件的试验系统。

2014 年 11 月 1 日，受国家能源局委托，中机联主持召开了"百万千瓦级核电站主给水泵组联调试验鉴定会"。鉴定委员会认为："百万千瓦级核电站主给水泵组样机联调试验是成功的，冷热冲击试验在国内尚属首次。试验结果证明样机各项技术性能满足技术规格书和相关标准规范的要求，达到国际先进水平，对推动百万千瓦级核电站主给水泵组国产化具有重要意义。建议推广使用。"

同一天，该鉴定委员会还组织了"百万千瓦级核电站用主给水泵组试验回路鉴定"。鉴定委员会认为："该试验回路的建成，为主给水泵组的研发和性能考核（含特殊工况），提供了一个良好的试验验证平台。该平台具有结构紧凑、布局合理、功能齐全、测试精度高、自动化程度高等特点，达到了国内同类试验台的先进水平。"

至此，阿波罗主给水泵国产化"两步走"的战略目标已经完成。正因如此，阿波罗在2014年到2015年间先后签下了田湾3#、4#机组，福清5#、6#机组，巴基斯坦核电站K2、K3机组，以及红沿河5#、6#机组主给水泵的订单。

2016年12月19日，阿波罗完成了600兆瓦（CFR600）示范快堆二回路主循环钠泵原型样机的设计制造与试验。至此，十年前阿波罗确定的核电用泵国产化目标已经实现。"上海阿波罗已发展成为我国泵行业中除主泵外，其余百万千瓦级核电站用泵都能自主设计、制造的第一家企业。"明国卿说。

值得说明的是，在上海阿波罗潜心研究核电泵的十年中，董事长陆金琪为了保证公司正常运转，还把自己的房子抵押给了银行。"好在最后我们挺了过来。"陆金琪说，2013年曾经准备冲击上市，后来因为福岛事故暂停，2015年登陆新三板。

瞄准核电后处理市场

国际原子能机构公布的数据显示，截止到 2011 年年底，全球一共有 442 座核电站，到 2030 年，全球核电站数量将增加 300 座。"现在核电的新增市场在中国"，而不断崛起的中国制造，则使外资企业进入中国市场的门槛越来越高。阿波罗公司负责人认为"中国的核电国产化其实是无奈之举"。

之所以这样说，主要是中国在核电站维护方面吃的亏太多——过去西方核电建设高潮的时候，西方对技术拥有话语权，面对来自中国的求助，很多时候爱理不理；而现在西方受核电收缩影响，一些公司倒闭破产或被兼并，一些技术和设备不断老化或消失，中国在核电维护上吃过很多亏，才促使这项最初完全进口的技术国产化。"中国核电国产化才能保证能源安全。"阿波罗公司负责人表示。

从采购角度来看，过去国外企业卖 4 台海水循环泵给中国，卖价人民币 1.6 亿到 1.7 亿元之间，中国企业介入此行业之后，发现可以把国外企业报价前边的一个亿砍掉，都还有丰厚的利润。"自从中国产品上来之后，国外厂商也一下子降了很多价来跟我们竞争，可以看出他们过去的利润多么好。"阿波罗公司负责人表示。

在售后服务方面，阿波罗这位负责人介绍，"以前核电站泵坏了，打电话通知外方供货厂家，结果对方不问问题先谈钱"，"实际上根据合同，外方售后服务应该是免费的"，如果要据理力争，对方可以采取拖的办法，一拖就是一年半载。"对于核电站来说，一个泵出问题，整台机组都要停下来，多停一天损失非常巨大。"

这位负责人表示，另外一个实际的情况，就是国外过去 40 多年来核电处于萎缩状态，一些企业破产倒闭或者转行了，现在要找他们提供售后服务，找到他们也无能为力了。这种情况，欧美也有，俄罗斯最典型。"中国人发展核电，只有自力更生一条路可以走，此外没有别的办法。"一名阿波罗高管表示。

该高管介绍："我们接到客户电话以后，到现场的标准时间都写的 24 小时。这种时候客户给我们打电话，我们绝对快。"

在上海奉贤阿波罗机械股份有限公司的厂房里，摆放着大大小小的核电用泵，有立方米 10 欧美体系的，也有 VVER 俄罗斯体系的，可以算是一个世界核电用泵博物馆。"这些都是我们研发时制作的样机。"阿波罗一位高管说，"这些都是我们要实现核电国产化所付的成本。"

在核电用泵领域，阿波罗消化吸收了美国、德国、法国和俄罗斯的技术，"过去世界核电有两种体系，一种是立方米 10 欧美体系，另一种是 VVER 俄罗斯体系"，这位高管介绍，两种体系各有优缺点，就主给水泵来说，美欧体系是一机两泵，俄罗斯则提升简化了美欧的技术，成一机一泵了，操作的可靠性和便捷性增加了不少。

阿波罗公司负责人表示，过去阿波罗专做核电泵，但现在除了泵以外也做核电的其他一些设备，退役核电站以后也是非常大的市场，因为中国最早兴建的核电站也就该退役了，核电站退役的处理可能比建一个核电站还要有挑战性。

上海阀门厂股份有限公司
SHANGHAI VALVE FACTORY CO.,LTD.

第十篇

上海阀门厂：为大国重器做好安全阀

黎光寿

"华龙一号"是中国首次走出国门的第三代核电技术，在巴基斯坦卡拉奇 K2、K3 核电项目落地生根，但鲜为人知的是，由于美欧限制出口，几台关键的稳压器安全阀几乎击垮这个投资 400 多亿元的庞然大物，所幸一家中国企业解决了这个困难。

这家中国企业叫上海阀门厂股份有限公司（以下简称"上阀"或"上海阀门厂"），是国内专业从事设计、制造各类高中高压阀门的知名企业，产品主要包括安全阀、闸阀、止回阀、截止阀、球阀、蝶阀、调节阀等，主要应用于核电、火电、军工和石油化工等领域。

这家企业迄今拥有近一个世纪的历史，在中国能源史上创造过诸多的第一，至今仍在不断地创造着一个又一个奇迹。

大国重器里的安全阀

卡拉奇核电 K2、K3 项目是巴基斯坦国内目前最大的核电项目，也是中国具有自主知识产权的三代核电技术"华龙一号"首次走出国门的项目，该项目由中国中原对外工程有限公司承建，计划于2020 年发电。

政治等各方面因素令该项目实施过程中面临诸多困难——欧美等发达国家对巴基斯坦核电项目进行限制，禁止欧美国家的企业将稳压器安全阀产品出口到巴基斯坦。而稳压器安全阀是核电站一回路系统中最重要的关键阀门之一，是保证反应堆冷却剂系统及其相连管道和设备安全的关键设备，是系统超压保护的最后手段，它的安全可靠性直接关系着整个核电站的安全运行。

在我国制造核电站稳压器安全阀必须有国家核安全局颁发的核一级安全阀设计、制造许可证。基于巴基斯坦是被欧美国家限制产品出口的国家，倘若中国企业不能解决这个问题，则只能将该核电

建设项目放弃。在关键时刻，上海阀门厂积极地承担起了突破解决稳压器安全阀的任务，与中国核动力研究设计院及中国中原对外工程有限公司签订了巴基斯坦卡拉奇 K2、K3 核电项目弹簧式稳压器安全阀的研制合同以及产品供应合同，随后 2016 年还与巴基斯坦恰西玛 C3、C4 核电项目签订了 4 台弹簧式稳压器安全阀备品合同。

2012 年上海阀门厂成功研制出 300 兆瓦机组稳压器安全阀样机，成为国内首家且至今为止唯一取得核一级安全阀设计、制造许可证的制造商。之后上海阀门厂与中国核动力研究设计院合作解决了多项关键技术的攻关，最终将"华龙一号"百万千瓦机组稳压器安全阀研制成功，于 2017 年 12 月全部完成了样机鉴定。鉴定委员会认为，"华龙一号"三代压水堆核电站核安全一级弹簧式稳压器安全阀产品样机研制是成功的，具有自主知识产权，主要技术参数和性能指标达到了国际同类产品先进水平，可在三代压水堆核电站上推广应用。

核心设备稳压器安全阀技术的突破，对中国核电技术升级是一个重要的推力，同样也令上海阀门厂看到了巨大的国内市场。新研制的"华龙一号"三代压水堆的稳压器安全阀技术可推广应用到 AP1000、CAP1400 等核电机组，具体包含三门核电站 5—6 号机组、海阳核电站 5—6 号机组、桃花江核电站 1—4 号机组、徐大堡核电站 1—2 号机组、漳州核电站 3—4 号机组、廉江核电站 1—2 号机组、海兴核电站 1—2 号机组、白龙核电站 1—2 号机组等 20 多套机组，共 40 余台稳压器安全阀，仅此一项即可替代进口价值过亿元。

在上海阀门厂提供给核电站的阀门产品中，供应给巴基斯坦卡拉奇 K2、K3 核电站的百万千瓦核电站稳压器安全阀、主蒸汽安全阀，供应给三门、海阳 AP1000 核电站定压差开启升降式止回阀（具有安全阀功能）及 AP1000 汽水分离再热器大口径先导式安全阀是属于近十年来的研究成果，是集技术、工艺、制造、试验于一体的稳定成熟产品；新研制的 CAP1400 核电主给水止回阀、低压差开启止回阀是国家重大专项项目。

核电业内人士告诉记者，在中国核电领域，除了早期的秦山核电站主要立足于自主创新外，其余核电站多采用进口部件组装。然而随着世界性的核电热退潮，核电的重点市场转移到中国，国外企业要么因为政治原因不愿出口中国，要么因为并购或破产原因无法继续提供备件和维护，核电关键阀门的国产化，打破了发达国家的技术封锁，有利于保障国家能源安全。

上海阀门厂究竟是一家什么样的企业呢？

致力于不断创新的企业

经上海阀门厂副总经理王秋林先生介绍，上海阀门厂是国内专业设计、制造各类高中高压阀门的重点企业，注册资金 1 亿元，近三年来的年营业额近 3 亿元，产品主要包括安全阀、闸阀、止回阀、截止阀、球阀、蝶阀、调节阀等，产品主要应用于核电、火电、军工和石油化工等领域。该公司在行业里的地位是中国阀门协会副理事长单位，全国安全泄放阀门标准化技术委员会副主任委员单位。

上海阀门厂经文献可追溯至 1921 年，正式成立于 1960 年，是由上海元大造船厂等 33 家小厂通过公私合营建立的一个工厂，一开始就确定了以安全阀、截止阀、闸阀、止回阀、减压阀等七项阀门产品作为工厂的主要产品。从 20 世纪 60 年代到 90 年代，上海阀门厂一直是中国安全阀领域里的标杆，拥有全国阀门行业中第一流的制造、试验和检测设备，还参与了多项国家重大工程中的阀门研制。

70 年代，上海阀门厂创造了中国阀门界的多个第一——1974 年，参与中国第一台 30 万千瓦秦山核电站阀门的研制，拉开了中国核级阀门产业发展的序幕；在秦山核电站一期工程中，上海阀门厂生产了 5 个品种 64 个规格 368 台核电阀门；1975 年为上海吴泾化工厂配套国内第一套大化肥装置，年产 30 万吨合成氨装置的配套阀门，一次成功。

20 世纪 90 年代，上海阀门厂进一步巩固和完善了在核级阀门制造上的地位——1995 年首次取得国家核安全局颁发的核二、三级安全阀设计、制造许可证；核一、二、三级闸阀、止回阀设计、制造许可证；核二、三级截止阀设计、制造许可证，成为阀门行业第一批取得国家核安全局颁发的设计、制造许可证的阀门厂家。

21 世纪以来，上海阀门厂在"市场换技术"的期待中，经过了一段曲折，失去了行业龙头地位，但改制成民营企业后东山再起，2012 年研制出国内第一台核电稳压器安全阀样机，并取得国家核安全局颁发的核一、二、三级安全阀设计、制造许可证，成为国内唯一拥有核一级安全阀设计、制造许可证的公司；2015 年实现了新三板挂牌，准备挺进资本市场。

目前，上海阀门厂是国家能源局指定的重点工程关键阀门设备国产化依托单位，是国家武器装备科研生产特定的许可制造企业，其在核电安全阀的研制能力上属于行业第一。上海阀门厂还是中国石化、中国石油、中国水力、电力集团等大集团的物资设备资源成员厂，拥有向这些大集团供应设备和零部件的资格。

"国内阀门产品市场在向高技术含量、高参数、耐腐蚀、高寿命方向发展"，副总经理王秋林介绍，上海阀门厂是国家高新企业和上海市级企业技术中心，近年不断加大科研投资，在公司内建立市场、科研、生产一体化的技术进步机制；参与了 CAP1400 主给水止回阀、低压差开启止回阀等国家重大专项的研制；参加了国家能源局有关核电、火电方面多个重大项目的研制；参与了国家核行业有关阀门的锻件标准、维修和技术要求的标准制定。

此外，上海阀门厂成功获得了美国机械工程师协会（ASME）的"N"和"NPT"钢印认证。其阀门产品除了供应巴基斯坦核电工程外，还有大量配套出口至印度、伊朗、巴西、荷兰、土耳其、越南、美国、哈萨克斯坦、日本、博茨瓦纳、土库曼斯坦、泰国、委内瑞拉、阿曼、沙特阿拉伯等国家。

没人比上阀更懂自力更生

20 世纪 80 年代，中国大地上曾经刮起过一阵洋风，就是不管什么领域，只要是外国进口的都是好的，工程竞标的时候，中国人自己开办的企业没有竞标资格，要竞标就必须得拉一个外资企业来担保背书。中国核电、火电和石化领域，大量工程采取了此种模式，使得中国的能源和化工等领域处于严重依赖国外的局面。

王秋林介绍，作为国企的上海阀门厂也经历了那么一个不堪回首的时期。1996 年到 1998 年期间，上海阀门厂订单不足，当时工人工资无法正常发放，企业属于上班三天休息四天的状态，阀门厂内部充斥着各种负面情绪。"市场换技术"方案就在这个时候成型了，

核电主蒸汽安全阀

这个方案让上海阀门厂付出了巨大代价，也让企业明白自力更生的可贵，"核心技术是靠市场换不来的，必须自己要有实力"。

当时一家叫克罗斯（Crosby）的美国公司出现了，上海阀门厂上级公司看上了克罗斯的技术，于是与克罗斯签署合作协议，将上海阀门厂的安全阀产品与美国克罗斯进行部分合资，成立合资公司——上海安德森·格林伍德·克罗斯比阀门有限公司，上海阀门厂把安全阀核级证书等资产注入合资公司，所有民用安全阀产品的生产都由合资公司进行。在合资公司的股权比例上，上海阀门厂上级公司占40%股权，美方占60%股权，美方成为合资公司的实际控制人。

王秋林介绍，在合资公司成立以后不久，美方就废弃了上海阀门厂原有的安全阀技术和图纸，合资公司不再做研发，生产和销售的安全阀产品基本上都是从美国引进的技术。合作公司成立后，因约定上海阀门厂除了军品安全阀外，其余的民用安全阀产品不能生产，眼睁睁地看着安全阀市场逐渐被别的企业瓜分。

好在上海阀门厂很快迎来了变革，2005 年上海阀门厂实行改制，厂长王建克带领团队接管了上海阀门厂总部的所有权益和责任。不过这个上海阀门厂，已经不再是国有的大上阀，而是一个缩小之后的民营企业。原在上海的另一个厂区和在苏州昆山的分厂都独立出去。

王建克生于 1963 年，1981 年 8 月至 1991 年 5 月任职于温州市渔业公司，1991 年 6 月至 2000 年 7 月担任上海市上新仪器仪表公司销售经理，2000 年 8 月至 2006 年 2 月担任上海阀门厂厂长，2006 年 2 月上海阀门厂改制成功后任上海阀门厂有限公司总经理，2015 年 11 月担任公司董事长兼总经理。

"改制团队对上海阀门厂的收购完全出于责任和使命。"王秋林说，这次改制，对上海阀门厂来说，是一次具有重大历史意义的变革，这个建立于 1960 年、一直引领着中国阀门行业潮流的国有老企业，没有继续沉沦下去。

正好克罗斯 2007 年收购了合资公司里的全部股份，上海安德森·格林伍德·克罗斯比阀门有限公司完全成为一家美资公司，对上海阀门厂的竞业限制才解除，上海阀门厂终于又可以在原来所擅长的安全阀领域施展拳脚了。重新获得民品生产资格的上阀，经历了这一次变故之后，发现要想继续从事民品生产，只有一切从头重新开始。

从头再来的上海阀门厂，要从哪里开始呢？当然是继续从核级阀门开始。因为这是民用阀门的至高荣誉，也是上海阀门厂的老本行和立厂之本。但上海阀门厂原有的核级证书都留在合资公司了，想要做核级阀门，必须要从头再来，重新取证。

核级证书分为核一级、核二级和核三级，三级最低，一级最高也最重要。核一级证书的取证难度，比起核二级证书来说，可以说难度极高——首先需要企业提出模拟件方案，国家核安全局邀请专家审核通过，再由企业制作出样品，最后又是国家核安全局邀请专家进行评审，通过以后国家核安全局才能发放许可证。

王秋林介绍，上海阀门厂从 2008 年开始准备，2012 年研制出国内第一台 300 兆瓦核电稳压器安全阀和主蒸汽安全阀样机模拟件，一下子取得国家核安全局颁发的核一、二、三级安全阀设计、制造许可证，成为国内唯一拥有核一级安全阀设计、制造许可证的公司。

上海阀门厂重新掌握了进入核电领域的钥匙。

把好中国安全阀

核安全一级定压差升降式止回阀（具有安全阀泄放功能）用于 AP1000 三门和海阳核电项目，该阀门的主要作用是为了避免由于热膨胀而引起的 RHX 系统超压情况的发生，其安全性和功能性要求特殊，原先计划从日本进口，在进口没有成功的情况下改向国内采购。国核工程有限公司对国内核电阀门供应商进行广泛调研，综合了各方面的因素，认为上海阀门厂股份有限公司有此能力和条件承担该项目。2013 年 5 月与上海阀门厂签订了研发生产 AP1000 核安全一级定压差升降式止回阀 1 台样机和 4 台产品的合同。该止回阀安装于安全壳内，阀门承受的环境条件、安装空间和重心重量有严格的限制，阀门开启压差是可调节的，在阀门的上部采用了填料密封的形式，堆焊材料要求低钴硬质合金材料。经过多次试验，上海阀门厂满足了低钴硬质合金的焊接要求，2015 年 7 月鉴定合格，也填补了一项空白，为三门、海阳 1 号和 2 号机组 4 台产品合同按时交货奠定了基础。

田湾核电站一期工程 2 台机组安全壳隔离系统旁路逆止阀（具有安全阀泄放功能）使用俄罗斯产品，在电厂使用过程中，逆止阀发生严重内漏的情况非常普遍。常造成安全隔离系统定期密封性能试验无法通过，不能进行在线维修。2013 年上海阀门厂与中国核动力研究设计院、江苏核电有限公司签订合同，开展俄供安全壳隔离系统旁路逆止阀国产化替代研究工作，顺利解决了现有安全壳隔离系统旁路俄罗斯逆止阀密封性能差、检修效率低的缺点。

巴基斯坦 C3、C4 核电项目 4 台稳压器安全阀由西班牙某公司提供，原合同执行的出厂验收试验 2014 年由国内另一家安全阀厂承担。2016 年年初，该核电工程处于收尾调试试验阶段时，巴方在现场进行 C3、C4 稳压器安全阀冷态试验时发现阀门严重泄漏，如不及时解决，将严重影响中核集团承担的该项目工程进展。鉴于上海阀门厂分别于 1999 年和 2008 年成功承担了 C1、C2 稳压器安全阀的出厂验收试验，运行至今无任何质量问题，中国中原对外工程有限公司委托上海阀门厂重新对 C3、C4 项目稳压器安全阀存在的问题进行分析、鉴定、维修和试验。上海阀门厂历时 5 个多月，解决了阀门存在的质量问题，确保了该项目的后续进度，C3 机组按期并网发电。上海阀门厂技术和经验的应用为该项目节省了大量的投资，为我国核电出口挽回了不利影响、争得了荣誉。为此，2016 年上海阀门厂还与中国中原对外工程有限公司签订了巴基斯坦恰西玛 C3、C4 核电项目 4 台弹簧式稳压器安全阀备品合同。

在紧盯核电的同时，上海阀门厂对准了占中国能源 70% 装机量的火力发电——600 兆瓦、1000 兆瓦超（超）临界火电机组已逐渐成为常规火电的主力机组，三大主机设备锅炉、汽轮机、发电机已完全能自主设计制造，但电站辅机一直是薄弱环节，特别是火电机组中价值量较大、又代表了阀门制造业设计制造水平的高端阀门却长期依赖进口。一台 1000 兆瓦超（超）临界火电机组中约有 500 余台高端阀门，其中 90% 依赖进口，每年进口阀门需要约 35 亿元人民币。另外机组运行后的阀门维修、更换还需要花费大量的费用。由于进口资源短缺、交货不及时、维修不便等原因，在一定程度上制约了我国火电建设的发展。

国能科技〔2010〕335 号、392 号文件要求：借鉴核电泵阀设备国产化的经验，政府部门协调，业主单位、规划设计院、主机厂积极配合，装备制造企业联合攻关，共同推进超（超）临界火电机组关键阀门国产化项目。该项目 2010 年开始启动，2014 年 3 月结束。上海阀门厂参加了该项目中关键阀门再热器进出口安全阀、过热器进出口安全阀（又称主蒸汽安全阀）、电磁泄放阀（PCV 阀）国产化研制工作。国家能源局组织的鉴定结论为："填补了国内空白，性能指标达到同类产品的国内领先、国际同等水平"。至此，上海阀门厂又一次研制出超（超）临界火电机组安全阀，在火电领域最高端安全阀方面具备全面替代进口产品的能力，关键还增强了国家能源安全，避免了被国外企业卡脖子的状况。

核电站稳压器安全阀、主蒸汽安全阀以及超（超）临界火电机组再热器安全阀、过热器安全阀等高端阀门的研制过程中必须进行试验验证。上海阀门厂在 20 世纪 60 年代就开始建造阀门热态试验回路，随着产品技术的不断升级，试验系统经过了几次扩建改造。20 世纪 90 年代改造后的试验中心试验功能最全、试验参数最高，被称为远东一流的阀门试验中心。随着大型核电压水堆机组容量不断增大以及技术参数和安全可靠性不断提高，上海阀门厂正在对目前的热态试验中心进行搬迁改造，改造项目完工后的试验中心由蒸汽试验系统、热水（饱和水及过冷水）试验系统、压缩空气及常温水试验系统组成，具备压力释放阀、关断阀的热态试验和冷态试验的能力，包括动作性能试验、密封试验、流量特性试验、流阻试验、冷热交变试验和动作寿命试验。可以完成 CAP1400 稳压器安全阀、主蒸汽安全阀的全性能热态性能试验。上海阀门厂试验中心将是国内试验功能最全、试验参数最高、容量最大最先进的阀门试验系统，也将是国际上最先进的试验系统。

第十一篇

宁波天生密封件：小小密封件，天生大秘密

黎光寿

"一核电机组价值 200 亿元，主压力容器上的一套密封件只需要 30 万元，但这一套密封件人家不卖给你，你的 200 亿元投资也只能打水漂。"励行根这样解释中国拥有自主知识产权的密封件的重要性。他说这就是他从事密封件行业的动力。

励行根是宁波天生密封件有限公司（以下简称"天生密封件"）董事长。天生密封件 1993 年创立于宁波，是一家高端静密封制造厂商，专业致力于船舶、机械、石油、化工、核电、核工业及航天等领域的密封方案的解决。

因打破国外公司对核电站密封件的垄断，天生密封件成为中国静密封行业的领导者，该公司是中国唯一一家可提供核级石墨密封垫片的企业，还是大亚湾核电站国内唯一的核岛设备供应商，国家能源局第一批核电标准制定单位，国家能源局核电装备国产化企业，还获得过国家科技进步二等奖。

美方封锁让他投入密封件行业

早在 1982 年，励行根在浙江一家国企上班的时候，就已经在研究密封件的问题。美国对核电密封件的封锁，让他感触很深，并最终决定投入到核电密封件的设计制造上来。

中国早期的核电站零部件，大多是从国外进口的，甚至包含密封件这样的零部件，都是从美国进口。但美国对核电站的供应链管理很严格，中国公司不能从美国进口核电站零部件转卖到第三国，要卖只能美国自己卖。

在 20 世纪 90 年代初，中国援助巴基斯坦建设恰希玛核电站，中核苏阀科技实业股份有限公司（简称"中核科技"）是给恰希玛核电站供货的企业之一，已经与巴基斯坦方面签订了 5000 万元的阀门供货合同，但阀门的密封件需要向美国购买。结果中核科技向美国合作伙伴提出采购订单后，却遭到了拒绝，理由是该批密封件

不允许向第三方国家供货。

从价值来说，配套这 5000 万元阀门的密封件价值大约不到 100 万元，但关键问题是，全世界当时生产核电密封件的公司只有两家，一家在美国，另一家在德国。美国公司不卖，到德国公司去买行吗？中核科技的人找到德国这家生产密封件的公司，结果该德国公司告诉中核科技的人，该公司与美国公司有协议，不允许提供给第三国。中核科技想获得密封件的路全部断掉了。

当时中核科技年销售额也才一个亿左右，5000 万元的阀门订单相当于全年销售额的一半，这个订单没有理由拒绝，且在国际贸易中，因为小小的一点辅助零部件，就放弃已经签好的合同，会失去信用，以后再想做起来就难了。于是，找国内企业一起研究，攻克难关成为一个选项。

鉴于励行根当时已经在密封件行业里有了一定知名度，中核科技按图索骥，很快找到了他。双方花了三年时间研究相关技术，到 1995 年，才勉强符合核电站要求，2000 年励行根把研制出的密封件样品交给中核科技。2004 年，关于该密封件的鉴定会召开，经过专家严格测试，密封件通过鉴定，被认为可以出口巴基斯坦。

核电站的密封件非常复杂吗？没那么复杂，可也不简单。励行根解释，核电站密封件的温度、压力比不上化工厂的要求苛刻，也比不上热电厂要求的压力高，但在微量元素控制上非常严格，一个重要的工艺就是要防止氯离子跑到堆芯，否则会影响一个核电站的寿命。密封件在核电站里是小物件，但作用非常大，处理不好就会变成一个重大隐患，不能掉以轻心。

巴基斯坦的问题解决后，2006 年，另一家大型核电站三期加料系统有泄漏，原系统的提供方来了许多专家，都束手无策。励行根带着天生密封件的专家前去，发现了症结所在，回来后很快拿出了三个方案，该核电站确定方案之后，天生密封件厂马上开模具制造，三天后拿出密封件到现场安装，一下子把加料系统泄漏的问题解决了。

巴基斯坦核电站密封件的解决和上述核电站泄漏事件的处理，让励行根明白一个道理——核电站密封件领域若被两三家公司垄断着，一旦这些公司发难，国家对核电站的投入就要付出很大的代价，甚至会打水漂。他还发现，这个市场没有竞争，制造标准也处于缺失状态，只要获得客户的认可就算成功，自己长期研究密封件，深耕该领域恰逢其时。

"我们把上述两件事情解决了之后，逐渐得到了核电站的信任，核心系统就慢慢地采用我们的密封件，后来效果也非常好。"励行根表示。再后来，天生密封件逐渐开发了新产品，一种新型的金属石墨垫片成为中国核电站广泛使用的密封件。

核电不是价格问题

2007 年前，一套核电站的密封件垫片，外国企业的报价高达7000 万元，并且订货的时候，一般要求都是 20 套或 30 套一次订完，这使中国的核电站业主方常因为这不起眼的密封件价格高昂感觉难以承受。天生密封件的产品鉴定通过以后，秦山核电站二期工程扩建，工程单位采取招标的办法，对全球公开招标，原先报价7000 万元一套的外国密封件，报价一下子下调到 1500 万元一套。

"这个东西降价幅度非常大，只是因为你做出来了，马上它就降价了。"励行根说，这是几乎所有大型工程里的共同现象，一开始中国人没有能力制造出来的时候，外国公司的价格都十分昂贵，后来国内企业生产出东西来后，外国公司的价格马上就降了下来。有企业负责人认为，跨国公司降价竞标，实际上是低价倾销，涉嫌不正当竞争，"如果业主单位选择了跨国企业，那国内企业没有订单就会面临生存困难，就有可能破产或者转产，在设备老化需要维修维护的时候，吃亏的还是包括业主在内的中国人。"

还好，秦山核电站二期扩建项目中，尽管外方把价格降到了"惊喜价"1500万元，也不再强行要求订购的数量，但中标的是天生密封件。"这个中标不完全是价格，而是我们的技术参数已经达到了国外的水准，而且有个别的已经超过了国外的水准。"

"原以为我们的密封件产品国产化了，以为价格便宜了，可以实现核电领域的国产化了，其实不是的。核电行业是以技术为主导的，而不是以价格为主导的。"励行根介绍，合同签署后当天晚上，业主方打电话来，说外方发出了威胁，如果不把密封件的合同给外方，外方就要限制核反应堆里压力容器的密封环供应。

业主方告诉励行根，并不是要取消掉合同，而是告知他这个消息并告诉他业主方准备向外方多购一套，以维持和外方的关系，而天生密封件是一家民营企业，一定要支持。励行根一个晚上都没睡着，他觉得这个压力容器密封环自己不能突破的话，中国核电的咽喉就会一直被国外扼住——当时中国的核反应堆还少，如果发展到100个反应堆或者更多反应堆的时候，又会是怎么个情况呢？

"一核电机组现在是200个亿，100个的话不是要两万多亿吗？两万多亿如果投下去的话，再受到国外的控制怎么办？"励行根说，核反应堆不是价格问题，而是能源安全问题。"我感觉到，我们的压力很大，我们作为密封件人要有这个志向，一定要把这个东西做出来"，他说，第二天他就给秦山核电站打电话，说他五年之内一定要把压力容器密封环给做出来。

从2007年起，天生密封件开始调研，到2009年把设备、材料、工艺、工装等都做了梳理，但发现没有设备，也不知道去哪里买设备，怎么做也都是一片空白。

2009年，天生密封件签订了一个联合研制的协议，客户给天生密封件提供了采购规范、设计规范、反应堆规范和用户的要求，包括压缩力、回弹力、抗拉强度、材料怎么做等。天生密封件将这些资料一项一项研究——首先是做材料研究，第二才是做性能研究，最后才是怎么做。

性能研究涉及很多问题，包括实验设备从哪里来，实验设备怎么做。天生密封件从实验设备的研究、工艺工装的研究开始，一步一个脚印，2007年开始的研究，2009年就有了雏形，2010年前期过程全部完成，2010年年底制造出样环，同时生产方法和工艺测试设备也全都完成。但谁来试用呢？

压力容器就是核反应堆，国内要找到可以试用的压力容器，不是一件简单的事儿。励行根找到中国一重，与该公司负责人刘总一见如故，刘总赞扬他说东西搞出来很好，原来外国企业老是给中国企业"卡脖子"，价格每年涨15%，每次一订购就需要20到30套，少了他不理你，价格也很贵，没办法谈，现在有国产化的东西了，中国企业终于可以不被"卡脖子"了。

中国一重愿意做第一个试验单位，为天生密封件新出的产品做水压试验，核动力研究院和设计方也很支持，中广核也很支持，同意在其公司的反应堆做试验。可到了现场后，施工负责人不允许安装，主要理由是万一安装失败，损坏压力容器，光是修理就要重

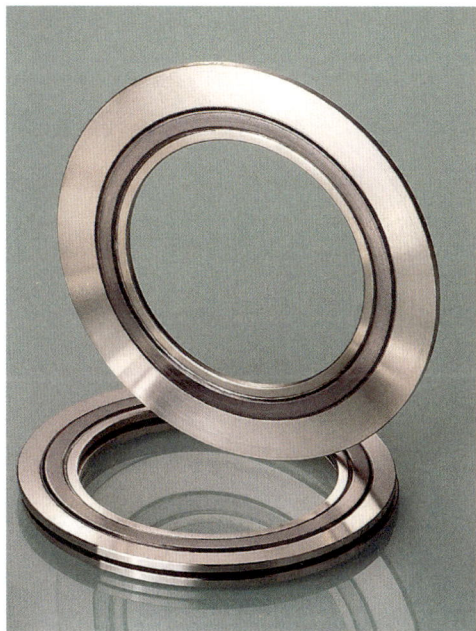

零泄漏垫片

新做水压试验，最少都要浪费一个月时间，有可能会拖延了整个工期。

国产压力容器的密封环投入使用是一个大问题，可对项目负责人来说，拖延工期是更大的问题，如何解决好这个问题，结束中国核电站长期依赖外国密封环的历史，就摆在有关单位负责人的面前。结果，该试验的审批手续迅速通过了，天生的密封环安装到核电站压力容器上后，一次试验就宣告成功。

水压试验尽管成功了，但距离找到用户，还有很长一段距离。因为核电技术的落后历史，在有关项目上，中国人不信任中国人成为常态，谁来第一个吃螃蟹呢？在国家民用核安全局的会议室里，连续召开了好几次会议，国内主要核电站的负责人齐聚一堂，讨论是否使用该密封环，与会者多数都有被外国企业"卡脖子"的教训，在支持国产问题上基本能达成一致，方家山核电站表示可以做第一个使用单位。

核电站应用新产品有一个十分严格的使用规范，并不是负责人就可以拍脑袋决定的。尽管当时方家山的 1 号机组、2 号机组都还处在工程的水压试验阶段，有试用条件，但要使用新产品，还需要进行工程上的水压试验，接下来还有一个热试，要上工程的时候还有一个评审。评审并不是内部评审，是由国家核安全局进行评审，通过以后，才能作出用或不用的决定。

好在方家山核电站前后两任负责人都十分熟悉并支持该项目。经过严格试验和评审，天生公司的密封环终于在 2015 年正式安装在方家山一号反应堆上，到现在为止已经经过了三个换料周期，效果还非常好。随后是秦山核电站的二期扩建工程和一期工程都开始使用。再后来，"华龙一号"也使用了天生的密封环，巴基斯坦也买了几十套。

这个密封环到底值多少钱呢？励行根介绍说，该密封环一套两个，一共才 30 多万元，但在核电站里，该密封环属于易耗品，每年都要打开一次，每次都要更换，如果完全用美国企业的产品，万一哪天美方不供应了，或者公司破产了无法供应，这后果谁来承担？

密封环的研制成功，是天生密封件公司对国家核电能源的安全作出的重大保证，这个贡献没有办法用金钱来衡量，其次就是在中国核电的出口上，国产密封件的成功让中国核电出口更安全，"如果继续使用美国产品，我们核电站要出口，一个核电站总规模要200 亿元，美国企业可以通过限制出口密封环，就让我们已经签好协议的 200 亿元工程做不成"。

从研制费用的投入上，由于天生密封件是民营公司，在研制的过程中绝大部分的费用都是公司自己承担，"我们前后一共投资了7000多万"，可是当时天生密封件一年只有5000万元的收入，为了实践自己的承诺，也为了做好进入市场的准备，励行根找银行借了很多钱，"公司差一点就倒闭了。"

"当时为了研究这个密封环，真的是银行里贷款，房子抵押，什么东西都抵出去了，所以当时最困难的时候，还是国家帮了我们。"励行根回忆说，因为突破了密封环的技术，他当时获得了国家科技进步二等奖，准备在北京人民大会堂发言，但当时公司已经揭不开锅了，正好有一个重大科技项目，全国工商联、国家能源局给财政部、国家发展改革委打报告，为公司争取到了4000多万元，公司才继续活下来。

在苦苦坚守的时候，诱惑其实也不少——"我们最困难的时候，美国人听说我们的项目成功了，就准备过来花6个亿收购我们公司。"对励行根来说，如果他当时卖掉公司，自己可以套现一笔钱，但换来的代价就是中国核电站的密封环技术仍然掌握在美国人手中，只要坚持下来，后边的路仍然很长。

现在，天生密封件生产的密封件产品，尽管看起来只是管道垫片、阀门填料等，但解决了原来可能存在的隐患，主要在中国的核电站和航天工程上应用，在隐形飞机、弹道导弹、核潜艇等方面也有广泛的应用市场，包括未来可能会研制的核航母，也都能用到天生密封件的产品。

在天生密封件做了377个大型案例，将核电领域里的密封件全部完成一遍之后，励行根发现，中国早期建设的核电站，不管是自研的还是引进的，在密封件设计上多多少少都存在问题。他说，只要核电站在设计时，告诉他温度跟压力，他都可以帮助设计，并能给出一个最优化的方案。

"我们现在不仅仅是做密封件的，更严格来讲是做密封系统研究的。"励行根说，天生密封件下一步，是关注石化领域的密封问题，"石化领域和核电有相似之处，过去很多设备都是引进的，现在也到了该引起重视的时候了，目前发生的密封件问题，有的是设计不合理造成了泄漏，有的是安装不合理造成泄漏，不仅仅是密封件本身材质的问题，还有整体的结构问题。"

引导重大装备用国产

"现在我们最大的困难，就是让国内的人相信我们超越了国外。"励行根说，这个困难不仅仅是天生密封件的困难，而是整个中国制造的困难。

"比如石墨垫片，过去都是国外企业垄断的，招标没有中国人的事儿，但我们经过了十多年的研究，已经形成了很有竞争力的产品，在新的招标里，已经没有国外企业什么事儿了。"

励行根认为，制造业的成功是由市场来决定的，国家只需要制定政策，鼓励在重大项目和装备上采用国产化设备，并且作出一定的保障安排，制造企业就有奔头了。"我们有的时候参加一些重大技术装备的招标，业主方居然要求只有外国人的企业才能参与投标，国内企业也要有外资企业担保，否则连参加投标的资格也没有。""如果我们质量比国外差，直接就出局，我们没话说，但现在我们的质量已经远远超过国外，并且鉴定会也开过了，准备工作都做了好几次了，倒是国内一些重大项目的负责人不相信我们的东西，连看都不看一下，这就有点奇怪了。"励行根说，迷信国外的技术，会让中国吃大亏。

记者采访到的多位企业家反映，现在有些部门在面对中国制造的时候，容易走两个极端，一个极端是在制造端投入大量的资金去研发和生产，另一个极端是在使用端设立各种奇怪的门槛，让中国制造难以有机会被投入使用。

多位企业家表示，"好产品应当通过竞争赢得市场，国家应当制定政策，鼓励在用户端上优先使用国产产品，尤其是国家重大工程项目，或者国有企业主导的项目，应当给中国制造留出空间，比如核电项目。"

励行根认为，国家应当通过立法的方式，保证重大项目优先使用国产装备，尤其是核电这样的项目，应当尽可能使用国内的装备，这至少可以让国内企业在面临重大隐患的时候，能够有技术积累，能够及时解决问题，"一味依赖国外，就很容易被卡脖子，一个小小的密封件禁运，就有可能导致整个核电站不得不停下来"。

在招投标领域，最大的问题是低价中标问题，"过去有些项目，要么不开放给国内企业，后来放开招标以后，只看价格高低，也不管是否侵犯了知识产权，结果外资企业把价格降到成本以下来投标，把国内企业挤出去，国内一些明显侵犯知识产权的企业也来投标，这本身对中国制造是一种伤害。"一些常参与招投标的专家表示。

有多位企业家认为，低价中标对国家的伤害有两层，第一是对国家形象上的损害，给市场传递的信息是国家对知识产权保护不够，第二就是低价中标涉嫌低于成本价施工，有可能暗藏安全隐患。"比如西安地铁的电缆问题，江西的电厂爆炸问题，都是低价中标引起的。"

"国家尊重和保护知识产权，应当从招投标开始，国家重大项目和国有企业的重要招投标活动，应当是知识产权保护的模范。"多位企业家表示，国家应当打击那种不正常的低价活动和侵犯知识产权的行为，"侵犯知识产权的低价竞标者频频中标，真正的发明者长期拿不到订单，也就不再搞创新了，以后就没有人能保证国家重大项目的安全应用了。"

第十二篇

日机密封：科研院所体制转化的成功范本

陈　曦

　　1978 年，迎着新中国改革开放的希望曙光，四川日机密封件股份有限公司（以下简称日机密封）的前身四川省机械研究设计院密封技术研究所应运而生。四十年激荡岁月里，它勇于变革，勇于创新，敢为人先，实现了从完全依靠国家拨款进行技术研究的事业单位，转变为完全依靠技术服务和高质量产品获得用户资金的股份制公司。

　　日机密封以过硬的产品实力开密封市场先河，以先进的密封技术填补国内空白，以全方位的服务理念为客户提供密封整体解决方案，以专注密封四十年的匠人精神打造特色企业文化，现已发展成为中国流体密封行业的领军企业，并成为目前中国动密封行业第一家也是唯一一家上市公司。日机密封成为科研院所体制转化的成功范本之一。

打破国外垄断

长期以来，因机械密封基础技术研究等多方面的缺失，导致中国机械密封产品品质落后于国外企业。为维持设备正常运行，石油化工、核电、煤化工等领域的用户不得不以高昂的价格购买国外密封产品。如今，中国的密封技术实现了从无到有。在国内市场，中国企业的机械密封产品已经能够与国外企业抗衡，这就不得不提起其中的功臣之一——日机密封。

日机密封以技术起步，并且一直坚持创新，瞄准行业高端，从而形成了独特的核心竞争力，成为中国密封产业中高端密封产品的顶梁柱。

日机密封总经理何方在采访中很自信地说，目前在行业里面，无论是技术，还是市场，日机密封都是第一。

何方介绍，"2000 年以前，中高端的密封产品很多是国外进口，从总体份额来说，70% 是国外的密封，30% 是国内的密封。现在已

倒过来，国内的密封已经在 80%—90% 之间。"

"1990 年，国家'五大乙烯'装置使用的是国外的机械密封，在 1997 年改造扩建时，仍然还是使用国外的密封。当时用户不同意使用我们的产品，原因是我们缺乏基础研究和核心技术的支撑。"

日机密封产品研发项目来源于市场需求，通过完成基础技术研究、产品设计开发、性能试验验证、现场技术服务等工作，为用户提供能够替代在役进口密封产品或为配套企业研发的新产品。

目前，日机密封研发的核电站泵用机械密封、高参数离心压缩机干气密封，高压、高速、符合 API682 标准并适合石化高温、高危介质泵改造的机械密封及其密封辅助系统，三峡地下电站采用的世界单机容量最大的巨型蒸发冷却机组中蒸发冷却系统的关键部件——密封卡套等密封高端产品得到市场的充分认可。

现在，在国内中高端密封市场上，日机密封是当之无愧的冠军。无论市场份额还是技术实力，日机密封都是领航者。在国内配套的市场上，日机密封生产的压缩机干气密封份额达 60%—70%。

密封技术国产化的成功一方面使国内石化等企业稳定生产不再受制于人，另一方面也为客户节省了巨额的成本。日机密封财务总监陈虹介绍，国外企业以往凭借垄断地位，在中国市场享受着超额利润，每当公司实现一项重要技术突破后，往往会遭遇竞争对手残酷的价格封杀，极端情况下国外企业甚至会把价格降到原价的十分之一，目的就是扼杀中国的自主产业，继续保持垄断。以前的干气密封是一个例子，现在的核电密封也正面临相同的境遇，干气密封的竞争结局最终是公司占据了绝大部分市场。对未来核电密封市场，公司也同样有信心。

从研究所到企业——研发的目的是为企业服务

日机密封的前身是四川省机械研究设计院密封技术研究所，是 1978 年在"四川维尼纶厂引进设备商检办公室"的基础上成立起来的，最初目的是进口设备的国产化。在这一过程中，日机密封接触、了解机械密封技术，并选择了当时国家的空白领域作为研究方向。

成立之初的十年，日机密封以科研为主要任务，科研性生产单件产品用于替代进口产品。这段时间主要从事密封基础理论和技术研究。何方介绍说："日机密封前十几年，主要是搞技术研究。到了 80 年代末期，中国石化引进的很多化肥和乙烯项目装置全部使用进口的密封，于是我们开始为这些企业做密封的国产化工作。由于有十几年的理论基础研究的沉淀，以及对密封技术有深刻理解，研发的产品提供给用户后，效果非常好，很快就把老外的密封替换了。"

她说："我们把产品卖出去了，老外的密封就卖不进来了，我们为石化企业降低成本，保证它的安全运行。搞科技开发不是研究一个东西就完了，就束之高阁。最最重要的目的还是要把它用上、用好，给我们的用户和我们的企业带来经济价值以及社会价值。"

几次重大项目国产化的成功经历，增加了日机密封的信心与勇气。但要进入市场，就必须以企业的身份参与。

1993 年，当时还是研究所的日机密封与日本的日机株式会社组成合资公司。虽然体制发生变化了，但是日机密封对自己的市场定位并没有改变。从成立之初，日机密封内部一直有一个统一认识，就是瞄准中高端市场，做精、做深机械密封产品。"我们从一开始就是做的比较高端的产品，没有做低端的，做的都是石油化工领域的，高温低温、高压高速、强腐蚀，或者介质脏、有颗粒等情况，难度高，而且责任重大。"何方说。

长期以来，日机密封的客户以石油化工企业为主体，最近几年重点开拓核电市场，同时兼顾军工、航空、航天领域。很明显，这些行业关系国计民生，对产品可靠性要求非常高。生产的密封不仅要封住介质不泄漏，更重要的是确保正常使用条件下的寿命以及在异常情况下也能保证绝对安全。

日机密封瞄准中高端市场的战略意义逐渐凸显，作为中国中高端密封市场的领军企业，参与到多项国家级重点项目中：2007年，承担了国家"十一五"科技支撑计划项目《核电设备密封关键技术研究》，2010年通过了国家科技部的验收。2013年，公司的"千万吨级炼油加氢装置循环氢压缩机高压干气密封及其控制系统"和"大型煤化工煤制丙烯装置丙烯制冷压缩机大轴径干气密封"两项产品研发成功，通过工业和信息化部的鉴定；2016年，公司研发的"乙烯三机（裂解气压缩机、丙烯压缩机、乙烯压缩机）干气密封"产品，通过中国机械工业联合会的鉴定；2016年，公司"核电站主泵油机械密封"产品，通过中国机械工业联合会的鉴定；2017年，公司的"天然气管线压缩机15兆帕干气密封"产品及"循环氢压缩机用20兆帕干气密封研制"，通过中国机械工业联合会与中国通用机械工业协会的鉴定；2017年，公司的"三代压水堆核电站核安全二、三级泵机械密封"产品样机，通过中国机械工业联合会与中国通用机械工业协会的鉴定。

日机密封不仅通过产学研开发先进的密封产品，同时与用户直接合作研发用户的急需产品。如：与中石油管道公司的合作项目，研发 15 兆帕以上的高压管线输送压缩机的密封产品，在 2017 年通过国家鉴定之后，参与了如沈大线等重要工程的招标，与国外企业同台竞争，日机密封拿到了订单，打破了国外企业对该类产品的长期垄断。

研发，十年磨一剑

因为有科研机构这样的背景，并以一种十年磨一剑的韧性，经过十几年的潜心研究，最终让日机密封在技术上有底气、有实力。因此日机密封的不少产品占据国内市场高地。

20 世纪 90 年代，日机密封开始进行机械密封产品的应用研究，如压缩机机械密封、液态烃机械密封、泥浆泵机械密封、焊接金属波纹管机械密封等研究。

就目前在石油、石化领域占有率最高的压缩机干气密封为例。日机密封在研究压缩机机械密封时发现，国外开始推出一种新型的密封——干气密封。于是日机密封开始投入干气密封的研究，并成为中国最早研究干气密封的单位。从 1992 年理论基础开始，到 1997 年才完成理论研究，然后据此设计产品。同时研发了刻槽等工艺、配套设计了一系列能够模仿现场使用条件的试验台架。通过这些基础性、系统性的研发，保证了产品质量的可靠。1999 年产品成功应用在大型石化装置的压缩机上，从此进入国内干气密封市场。2000 年之后，日机密封干气密封产品的销售大幅增加，促进了企业的迅速发展。2003 年，日机密封销售额达到 3000 万元，之后每年的平均增幅超过 20%。

核电站泵用机械密封   S747 型压缩机干气密封

　　1999 年，日机密封从事业编制的研究所转变到合资企业，虽然企业性质变化了，但是员工的身份没有变。何方说，"当时我们都是国有企业员工的身份，实际上大家市场意识不足，认为企业的生存跟自己的关联度不大。"

　　何方回忆，"在 2000 年之前，当时外部的环境有很多的诱惑，日机密封有些人出去成立公司做密封产品。这一段时间人才的流失对我们公司有影响。2000 年，日机密封第二任总经理上任，在如何留住人才方面，做了很多的工作。2000 年之后，公司骨干团队非常稳定。所有的员工都觉得只有公司发展了，自己才会有前途。"

　　2007 年，四川省经信委同意以密封专业为主，整合设计院泵阀和传动专业，对日机有限公司进行股份制改造。在相关政策的指引下，在各级政府帮助以及四川省机械研究设计院大力支持下，2009 年，完成了由有限公司向股份有限公司的改制。其中国有持股 40%，员工持股 55%，引入一家战略投资者持股 5%。在改制过程中，按上市标准，通过主动要求审计、评估、律师及券商等第三方机构的介入，保证了改制的合规合法。

股份制改造不仅是员工身份的转换，更重要的是观念意识的转变。股改要经历艰难的阵痛过程，当时对每个员工而言都需要抱着壮士断腕的决心。但是公司要持续发展，改制已成华山之路，必须迎难而上！

何方认为，"因为只有改制，员工拥有了企业的股份，才能把大家的利益紧密地结合在一起。"

通过股份制的改造，日机密封健全了各项制度，使公司运营更科学、更透明化，让每一位员工都清楚地知道，努力工作得到的不仅是薪酬的回报，还能共享企业发展的成果，从而激发全体员工的工作积极性和热情。

在股份制改革的同时，日机密封在研发上从不吝啬，每年的研发投入均超过销售收入的5%。陈虹说："我们知道，技术方面我们必须要长期坚持高强度的投入，才能够保持核心竞争优势，未来才能保持主导地位。就像核电密封、核主泵的密封，我们已将企业几千万的纯利润投进去了。"

为了提高核心竞争力，在研发上，通过资金、设备、人员的投入，日机密封建立了人力资源和社会保障部认定的博士后科研工作站、省级企业技术中心、成都市工程技术研究中心等研发机构；建立了科研立项、过程管理、成果评价等一套完整的研发考核体系；建立起国内一流的机械密封试验中心。日机密封成为国家高新技术企业、四川省建设创新型企业试点企业。

陈虹介绍，"对于高端产品而言，没有坚实的技术研发基础，不深刻理解产品的机理，仅仅追求零件的尺寸几何精度，那样就像撞大运，今天产品可以用，明天就不能用了。当公司的产品研发不断走向更高端领域之后，企业对技术的认识、理解必须进步。比如核主泵密封的研究：在设计产品初期，先利用基础研究建立模型再进行仿真计算。制造出产品之后需要反复试验验证。试验中出现偏差，需要详细地分析原因，再修正模型设计、制造产品，然后再去试验。通过逐步深入，全面地掌握相关技术。现在，我们在做的很多基础技术的研究，实际上是在补课。"他还说："生产高端的密封产品必须有严格的管理，更重要的还需要有相关产业的文化。如生产核电密封不仅需要相关质保体系，更重要的是需要建立核电文化，这是非常难的。"

要在国际市场上，与国外流体密封巨头竞争，还需要做很多工作。日机密封将坚持"十年磨一剑"的精神，通过坚持不懈努力，实现成为"国际知名的流体密封供应商"愿景。

销售人员都是技术能手

每个企业都会有先天优势或者不足，以研究机构起家的日机密封，其优势是研发能力卓越。因为研究机构的背景，很多人就会认为日机密封短板大概就是销售吧，其实不然。

从 2000 年年销售额不足 2000 万元，国内排名是十名开外，到 2017 年年销售额达到 4.96 亿元，在国内排名第一。日机密封的销售快速增长诀窍是什么呢？

何方认为，日机密封销售方面的诀窍，就是日机密封的销售人员都是技术出身。因此，在与客户沟通时，能更高效、快速地找准"痛点"。

这一特点与日机密封复杂的"身世"不无关系。日机密封前身原四川省机械研究设计院密封技术研究所，组织结构是课题组形式的，主要通过完成政府下达的课题获得政府资金，其次通过为市场服务获得资金。研究所是由比较松散的多个项目组构成。在项目组长的带领下，独自完成设计、加工、检验、试验、安装、服务、收款等工作，实现收益。正因为经历过课题组这种形式，所以日机密封的销售人员就是进入市场的技术人员。在技术上这些销售人员也是颇有见地。

何方介绍，"为了让公司快速发展，就需要分工、细化组织机构。到 2001 年日机密封才成立了技术部。"

正因为有课题组这么一段历史，日机密封深刻理解销售与技术相结合的重要性。为此新入职的销售人员，需要经过两年的车间实习和在技术部画图。这样保证了销售人员能够与用户进行技术交流以及技术方案确认，进行售前、售中、售后服务。

应急响应速度快是抓住客户的另一个法宝。为此日机密封在全国成立了 20 多个办事处，办事处选拔的是从技术沟通、现场服务到事务性工作各方面能力比较全面的员工。因此每当用户现场出现问题，日机密封售后人员能立刻到达现场，并提出有效的解决方案，帮助客户迅速解决问题。何方说，日机密封的市场意识体现在销售团队对现场的迅速反应上。"因为懂技术，当然能与用户进行流畅的技术交流、方案确认、现场问题的处理，让用户感觉到服务随时都在他的身边。"

为了提高用户黏性，日机密封还承担了一些客户的事务性工作。这样的销售策略得到市场认可，特别是在中高端市场，客户更愿意多花一些钱购买性价比更好的产品和更优质的服务。

未来，先强而后大

对于公司未来战略规划，陈虹说："第一个方向是核能发电领域。我们已经布局、推进了很多年，现在核二、三级泵的密封，已经取得重大突破。下一步就是怎么努力把核主泵的产品全面地占领国内市场。第二个方向是油气管道输送领域。这个领域我们已经布局几年，目前也颇有成效。第三个重要的方向是国际市场。近两年来，紧跟'一带一路'倡议，日机密封积极进行海外的布局，除了跟随大型主机出海，也在建设自己的销售网络。"

2015 年 6 月，日机密封成为国内首家在深交所上市的机械密封企业，公司成功登陆资本市场，为进一步做强做大打下了坚实的基础。

有了资本市场的助力，日机密封希望通过收购企业实现自我提升。陈虹说，"通过资本市场，收购一些优秀的同行，或者产业链上下游企业。我们的想法是往上游走。比如机械用炭石墨材料，我国的机械用炭和国际水平相差很大，在这个领域里面，我们的上游企业规模更小，根本就投资不起这种研发。我们想的是，我们去收购一家，我们来投入资金进行研究，这个技术提高的速度应该是很快的。第二，我们想收购一些好的同行，同行中有一些好企业跟我们相比有自己的优势，而我们不具备。"

作为国内唯一一家密封领域的 A 股上市公司，中高端密封市场的领头企业，日机密封发展愿景是，以为客户提供更可靠的密封系统为己任，以保障安全、保护环境为使命，愿做技术创新的先行者，成为国际知名的流体密封供应商。

作为行业内唯一一家上市企业，日机密封已经"强"了，从企业的经济指标来看，每年近 5 个亿销售收入的工业企业也能算是"大"了。

未来，日机密封对做大还是做强有很清晰的逻辑和明确的目标。公司在战略上坚持做强，然后再求大。做强，必须有足够强的核心竞争力，而技术水平是关键。搞研发需要经济实力，资金来自利润，利润则来自良好的市场销售。何方表示："因为我们是上市公司，有了资本，是不是要去把它做大，针对这个问题我们开展了讨论。我们确定下来第一个目标是做强为主，在做强的同时去做大。第二个目标是希望我们通过 4 到 6 年的努力，能够成为国际第四大密封企业。这也是日机密封的战略目标——成为国际知名的流体密封供应商。"

第十三篇
扬修公司：核电驱动头的先锋

秦 伟

　　"核电驱动头的先锋"，这是中国工程院院士叶奇蓁给扬州电力设备修造厂有限公司（以下简称"扬修公司"）的题词。

　　多年苦心孤诣，扬修公司始终如一坚守"努力打造驱动装置行业专业厂家"的信念，每年投入充足的研发资金和研发力量，稳步铸就了"扬修"牌驱动装置的行业中坚地位。恰逢核电发展，作为国有企业，扬修公司责无旁贷，不论投入多大（年均超千万元）、时间多长、人事如何更替，企业二十年如一日，在核级驱动装置研发步伐上从未迟疑，更没有停止过，他们五年一个研发周期，实现了四个台阶的跨越式发展。如今扬修公司的核级产品已经几乎运用到国内所有的核电站中，在新建核电项目上市场占有率超过80%。

　　"扬修公司是国内最好的阀门驱动装置厂家，没有之一！"中国通用机械工业协会会长黄鹂的点评简明客观。

　　"不驰于空想，不骛于虚声"，扬修公司的成就是一步步脚踏实地做出来的。"做制造业没有捷径，要持之以恒把一件事情做好，就是我们提倡的工匠精神，精益求精、做到极致，使别人无法替代你。思想上有了这些意识之后，才能落实到我们的行动中。"扬修公司总经理蔡军如是说，"对于企业，我们每走一步都要把基础打实，未来才有后劲，我们不急躁，不追求眼前利润的最大化，眼光要更长远，这样才有深度。""心大了，路就宽了"，蔡军的治企之道看似简单，内涵深远，"要根据企业的状况量身定制适合的途径，扬长避短，否则就是空谈。'实干兴邦，空谈误国'这句话对制造业来说尤为重要！"

扬修公司的发展史，是国内阀门驱动装置自主化历程的真实写照。

应运而生求"突破"

20世纪60年代末，江苏省火电机组所需备品配件大部分依赖外省供应，响应慢，成本高，周期长，供需矛盾十分突出，严重威胁机组正常运行。为适应省内电力工业的发展需要，1967年6月7日，江苏省革委会生产指挥组发出"苏革生（69）138号文"，决定在扬州专区建立电力修造厂。同年7月7日，"扬州市革命委员会（69）革字第163号文"，决定在扬州市建立"江苏省扬州市电力设备修造厂"，这就是扬修公司的前身。

"我们最初的厂址设在扬州电力学校，建厂初期，一清二白，别说生产设备，就是基建都是扬修人亲力亲为，铸钢生产的设备全部自制，到1973年，建成厂房7785平方米，工厂基本形成批量生产的能力，大大缓解了电站备品配件的供给矛盾。1974年12月，扬修公司成功研制大跨度过江线夹，该产品为国内首创。1975年

4月，全国第一台300千瓦背压式余热发电汽轮机叶片试制成功。"蔡军介绍，"我们老一辈扬修人在做好电力保障的同时，奋发图强，创立了自己的'扬修'品牌"。

20世纪70年代后期，为解决电力修造企业单纯生产备品配件效益低下的问题，电力部对电力修造行业提出了"以修为主，以造养修"的发展思路。针对当时电力设备、电站辅机技术落后，可靠性低下的问题，组织电力系统的科研院所、电力设计院、修造企业，集中力量研制一批电力设备、电站辅机。

1976年，原水电部在扬修公司成立电站阀门电动装置研制组，研制组包含了原西安热工研究所、华东电力设计院、谏壁发电厂、江苏省电力中心试验研究所、上海工业自动化仪表研究所等——"最好的阀门驱动装置厂家"征程开启。

研制组走访了大量电厂，调研了解英、美、德等国电动装置，"把先进技术和用户要求融合到自己的设计中去，力求制造符合我国电厂及电站特殊需求的阀门电动装置。"一位老工程师回忆。研制组集思广益，吸收国外产品的先进技术和国内用户使用的成熟经验，于1977年5月15日成功试制出第一批样机。

为获得较为确切的数据，样机于5月17日连夜运至上海，由上海第三阀门厂协助进行性能测试。测试结果达到设计要求，符合《电站阀门电动装置技术条件试行稿》的规定。同年12月，原水利部在江都县召开DZ-II型电动装置鉴定会，产品顺利通过部级鉴定。

1978年3月18日，中共中央在北京人民大会堂召开全国科学大会，在有6000人参加的开幕会上，邓小平同志发表重要讲话。邓小平指出，四个现代化的关键是科学技术的现代化，重申并进一步提出"科学技术是第一生产力"。3月30日下午，全国科学大会在人民大会堂举行闭幕式和授奖仪式，扬修公司的DZ-II型电动装置荣获全国科学大会奖。这是扬修值得铭记的日子，更是对扬修人自力更生、自主创新最好的褒奖！

1978年4月，扬修公司电动装置生产车间成立，这标志着我国第一家电动装置专业制造厂家诞生！ 1979年，DZ型电站阀门电动装置取得市场突破，当年生产销售425台，扬修公司进入快速发展阶段。

1980年，DZ型电动装置在江苏省镇江市谏壁发电厂300兆瓦机组上首次大量应用，机组调试和试运行期间安全启停10次，电动装置动作灵活、质量可靠，保障机组运行稳定。在大型机组上的成功应用，使DZ型电动装置声名鹊起。1982年9月25日，DZ

型电动装置再获大奖——国家银质奖，这是国内同类产品中唯一获得该奖项的。

凭借先进的技术、良好的声誉，扬修公司的 DZ 型电动装置出现供不应求的趋势。1984 年，销售电动装置 1501 台，产量创历史新高。

"多年来，扬修核心竞争力就是来自研发，无论整套装置的研发还是核心零件的设计生产，我们都是自己做。"蔡军说，"这是扬修跟业内许多别的企业不一样的地方。"

自强不息谱"华章"

1985 年，扬修厂接到"史上最大"任务，为确保重点工程投产，工厂承担了全国 28 台机组 395 万千瓦容量任务。"时间紧任务重。"蔡军也表示，"而且是重点工程的产品，要保质保量按期完成任务，压力非常大！"

面对"不可能完成的任务"，扬修人交出满意答卷。"这是扬修人的诚信！"蔡军自豪地说。扬修人的精神得到了当时水电行业各使用单位和水电部派往各重点工程检查小组的高度肯定。为此，在全国电站辅机质量紧急会议上，时任厂长的姜志安代表工程做了《抓质量创优保牌，为用户一片诚心》的发言，在水电部第一个五百万工程总结表彰大会上，"扬修"被评为"十佳"企业。

"随着改革开放的深入，我们的技术进步没有停滞，扬修公司最大的一个优势就是我们在不断地求变，不断地追踪行业的前沿发展技术。"蔡军说。

基于当时的设计理念，20 世纪 80 年代末 90 年代初，扬修已发展为国内电动执行机构最好的一个，也是最大的一个。"实际上这也是企业面临的一个转型升级的关键时间节点，我们产品在满足于'打得开关得严'的基本前提下，能否为用户提供更多的附加值？"

方向决定道路，道路决定命运。经过反复的论证、比较，再结合国内的整体生产制造配套水平和环境，扬修引进了西门子2SA3电动执行机构技术。

"成功上市的扬修西门子，成为电动装置行业一道亮丽的风景线"，蔡军介绍，"我们走上了引进消化和自主创新之路。"

"1997年，我们已经完全掌握了执行机构的最新设计理念。今天好很快将成过去时，未来怎么做好是篇大文章。对于企业而言，我们每走一步，把基础打得很实，这样未来的后劲就比较大。"

"企业发展一定要尊重规律，有萌芽期、成长期、壮大期，发展中需要不断发现问题，补齐短板。"扬修的成长也并不是一帆风顺。进入21世纪，扬修也遇到了"成长中的烦恼"。

2002年，中国电力体制改革启动。对于扬修厂来说，内有主辅分离，外有市场竞争。"各种压力、各种诱惑、各种声音。"说起这段经历，蔡军也满是无奈，"还好我们坚持住了，'不忘初心'，始终坚持扬修的发展道路，不懈追求技术创新！"

"坚持做精做强、专业为王，盈利反哺科研，这是扬修公司的长期发展战略。公司每年投入不低于销售收入3%的资金进行科技创新，积极承担国家重大技术装备攻关计划、国家火炬计划、国家关键装备国产化研制等项目。"蔡军介绍，"为坚持走专业化发展道路，公司建有江苏省电力阀门驱动装置研究中心，添置关键加工和测试设备，对现有生产车间、实验室进行技术改造以适应产品加工、装配和检测要求，提升产品制造综合水平。"

2HA5 系列 1E 级直流电动装置

HQ3J-S24HS 核级阀门气
动执行机构

历经蜕变，扬修公司逐步成长为行业的参天大树，特别是进入 21 世纪以来，该公司更是得到了长足发展：

2002 年，企业成功研制了适用于核电二代、二代加机组用核级多回转电动执行机构；

2006 年，成功研发国内第一代智能变频电动执行机构；

2007 年，成功研发国内第一代非侵入式电动执行机构；

2008 年，成功研发填补国内空白、体积最小、结构最紧凑的核级电动执行机构，解决了田湾核电站物项替代关键任务；

2010 年，成功研发高端智能型小转矩部分回转电动执行机构；

2011 年，成功研发冗余控制现场总线型电动执行机构；

2012 年，成功研发填补国内空白、国际领先的百万千瓦级核电站用气动执行机构；

2013 年，成功研发石化用智能隔爆型电动执行机构；

2014 年，成功研发柔性调速智能型电动执行机构；

2015 年，成功研发国内首台超（超）临界机组用电动执行机构；

2016 年，成功研发国内首台 CAP1400 三代核电机组用直流电动执行机构；

2017 年，成功研发可完全替代进口的高端智能型电动执行机构。

牢记使命争"先锋"

"高铁"与"核电"已成为中国制造走出去的两张"名片"，而作为国内电站电动执行机构翘楚的扬修公司，当然不能缺席这场中国制造的饕餮盛宴，他们研发生产的核级阀门驱动装置已成功运用到"华龙一号"核电机组。

任何成功都不是一蹴而就的，装备制造业更是如此。作为一家生产常规阀门电动执行机构的厂家，核级阀门驱动装置的研发更是历经艰辛。

20 世纪末，中国核电建设进入第二轮高峰，扬修公司敏锐地将目光转向神秘莫测、壁垒森严的核电领域。"1997 年，秦山核电三期启动时，我们已经关注核电领域，寻找我们的发展空间。"蔡军表示，"未来核电领域的国产化大有可为，我们随即成立了核电专项小组，搜集核级驱动装置的一些技术参数、工况要求、性能指标。"

经过一年的储备，1998 年扬修公司开始核级驱动装置的研制，产品安全一直是扬修首要考虑的问题。基于此，核电专项小组开展了大量的基础研究和核电工艺验证试验。在整个供应链跟不上的情况下，发挥扬修的技术积累和创新理念，解决了整个产业综合配套能力不足的问题。

5 年后的 2002 年，扬修公司研发的 2HA3、SDQH 两大系列核级电动执行机构分别通过当时的国防科工委（现国家国防科工局）、江苏经信委组织的鉴定，但由于没有"业绩"，项目应用迟迟不能落地。

"机遇永远是给有准备的人"，这句话对扬修公司而言最恰当不过。适逢当时田湾核电站与国外企业合作项目出现问题，国内无一家企业能解决，凭借五年的磨砺积淀，扬修公司挺身而出，利用多年技术储备、工程积累，"扬修"牌产品成功替代进口产品。"我们顺利解决了这个重大难题，在核电领域首战告捷，也为自己赢得了信誉与生路！"说起这段经历，扬修人充满自豪。

2HA3、SDQH 系列核级电动执行机构批量应用于田湾核电站。经过核电厂现场复杂工况条件的考验，"扬修"牌产品安全稳定运行，"扬修"牌的产品声名远播。随后，扬修公司生产的核级驱动装置广泛应用于红沿河、阳江、宁德、防城港、福清等运行及在建核电站中。

又是五年后的 2007 年，扬修公司成功研发填补国内空白、体积最小、结构最紧凑的 SDZH 核级电动执行机构，解决了田湾核电站物项替代关键任务。

2012 年，扬修公司成功研发核级气动执行机构，开创全新领域，再次打破国外垄断。在中机联组织的国家级鉴定会上，两位院士一致评价：核级气动执行机构填补了国内空白，达到国际先进水平。

针对我国核电"走出去"的主导品牌"华龙一号"三代核电机组，扬修公司又研发了"下一代核电核级阀门驱动装置"，成为"华龙一号"关键阀门的"标配"，打破了法国伯纳德（BERNARD）公司和美国利密托克（LIMITORQUE）公司的技术封锁和市场垄断，加强了我国核电技术的国际竞争力，带动了相关产业的发展。

"原来国内核电站核级驱动装置几乎都是进口的，订货周期长，价格昂贵，服务和维护跟不上，给我国核电站安全运营埋下极大隐患。"深谙个中滋味的蔡军道出其中原委，并表达了扬修公司矢志不渝的追求，"扬修核级驱动装置的成功研发和量产，真正意义上实现了华龙一号堆型核级阀门驱动装置的国产化。"

"每五年一个跨越，这个过程经历了千辛万苦，也成就了我们核级驱动装置的辉煌。"蔡军总结道。

"我们的企业，要有决心、有动力干一些事情，要勇于承担社会责任。"采访最后，蔡军也说出了心中期望，"积跬步，至千里。是中国核电人对核电自主化几十年矢志不渝的追求，才有了'华龙一号'这一具有世界先进水平的核电品牌；是中国核电人坚持不懈地推进核电设备国产化进程，才使我国的核电装备制造配套能力具备了参与国际竞争的能力。在'一带一路'倡议下，核电产业将成为继高铁后国家'走出去'的又一张名片。未来，扬修将坚持自主创新，努力做到'自主自控'，与所有中国核电人一起，聚力打造核电建设的国家名片！"

回头再想想文前所提的"先锋"，不由豁然开朗——中国的大国需求决定了装备国产化，扬修人秉承敢为天下先的精神，坚强地承担起"先锋"的担当。"扬修驱动、驱动世界，中国装备、装备世界"，这就是扬修人心中的"先锋"担当，也是"做最好，没有之一"的写照。

第十四篇
景津环保：压滤机大王是怎样炼成的

焦建全

引　子

朋友　如果时光能够倒流　我给你三十年
能不能把眼前这一切　再一次美丽地打造
能　还是不能？　你先不要把头摇……
请听三十而立的我　为你讲述一个民企的中国骄傲！

三十年前　我出生于民营经济的怀抱
是改革开放的春风　让我向这个世界报到
当年　在河北农村偏僻的角落　连饭都吃不饱
怎么能想到　时逢盛世　能收获如今丰硕的今朝
三十年斗转星移　脚下有多少坎坷数也数不清
三十年中国巨变　心中有多少感怀只有自己知道

……

从低矮的平房集结起的第一代景津人

一路走来　从未敢在创新的路上歇脚

无数个"第一"伴随着无数个黎明　和我们拥抱

这里　有你　有他　还有许多我叫不出名字的新面孔

汇聚起阵容强大的团队　为环保世界大步领跑

2018年景津环保股份有限公司（以下简称"景津环保"）新年晚会上，董事长姜桂廷即席朗诵诗歌《感恩三十年》，感情真挚，精力充沛，丝毫看不出他已经60岁。

正如诗歌中所说：30年前，景津环保的创始人姜桂廷，从一个做滤板的小作坊做起，经过十几年的打拼和经验积累，让景津环保

坐上了全球产销量最大的压滤机供应商的头把交椅，并连续 16 年保持。

景津环保还是中国环保产业协会副会长单位、压滤机及滤板国家标准主要起草单位，拥有多项授权专利，其具有自主知识产权的产品远销世界各地。

现在，景津环保正在中国证监会排队等待首次公开发行股票（IPO），以获得资本市场的正式入场券。

景津环保创始人、董事长、全国劳模姜桂廷告诉笔者，之所以能把景津环保做成今天这个规模，与之前的经历密不可分。

姜桂廷从小便需要与"温饱"作斗争。秋天扫树叶（俗称"柴火"）是他小时候的必做事情之一。一到秋天，树叶开始落的时候，姜桂廷一早就起来扫树叶，这样冬天就有烧火用的"柴火"了。如果那天刮风，就三点钟起床，看树叶刮到哪个沟里，就到沟里把树叶扫起来，天刚亮就把柴火背回家了，这时，别人一般才刚刚起床。通过早起扫树叶，姜桂廷家里"柴火"就比别家多，甚至烧不完。除此之外，他还做过拾煤渣、捡破烂等事情。

从少年时代起，姜桂廷就不得不琢磨起生存之道。当时他所在的生产队生活艰苦、工钱很低，干一天活才给一毛三分钱。姜桂廷卖过青菜，还琢磨过香油和"扒鸡"生意，几乎所有的粮食生意都干过，例如玉米、小麦，从一个街口比如说一斤四毛三买，到另一个街口上四毛五卖，赚取一斤两分钱的差价，运气好能赚好几毛钱，如赶上水果上市，驮一车梨就能赚一块钱，相当于干七八天活的工钱。改革开放以后，国家政策日渐宽松，他又不失时机地收购蔬菜、水果、粮食，转卖到县里、城里。

改革开放后，人们生活逐渐好转起来，姜桂廷就顺势做起了杀猪宰羊的生意，他把杀猪宰羊的生意做得风生水起。姜桂廷后来回忆，那时候一只羊，他一抓一掐，就能知道这张羊皮值多少钱、能卖多少肉，差距不会超过半斤。杀猪时，只要看看猪，也能估算这头猪出多少斤肉。

姜桂廷在回顾自己成为附近 6 个乡杀猪冠军的经验时说，杀猪的经验也成为他后来管理企业的经验和智慧。

一是又好又不贵。买猪时一定买上好的猪，这样品相好看、定价不高，在街上摆肉摊，放肉的案板洗得很白，自己穿时兴的迪卡上衣，扎上白套袖白围裙，甚至杀猪用的背刀棍也是从天津买的，十分干净利落。因此，姜桂廷的猪肉都是最早卖完。二是十分讲信誉。后来，姜桂廷生意越做越大，他往天津贩卖生猪，拿回钱来，晚上骑着自行车，一分钱不差，比如有的时候两毛钱，也把零头给人家送到家去。三是宁愿自己吃亏，也要事情做好。有一次，因为合作伙伴误买了一头带病的猪，姜桂廷就想方设法说服同伴和卖猪户，共同承担失误的风险，把损失承担下来。四是分享收益。有一次姜桂廷在大年初三收了一头猪，由于养猪户几天喂养得力，这头猪多赚了六七十元，他就把多赚的钱返还了一半给养猪户。另外，当天如有剩余，他会把猪肉以最便宜的价格赊给熟悉的乡亲，不卖隔夜肉，如隔夜，肉价就会跌下去一些，还不如让利赊给乡亲。

价格合理、品相又好、人气聚集，姜桂廷的摊位前总是排起长长的队伍，"如果我的货还没有卖完，别人的货物就卖不出去。"姜桂廷当时朴素的想法非常符合管理学的重要原则：不仅要产品质量好、价格合理，还要想方设法让人们知道这一切。

姜桂廷在做杀猪宰羊等生意时，总结了最朴素的生意经，为他下一步投资办厂、发展壮大打下了良好的基础。

景津诞生

姜桂廷从零开始，从事压滤机配件生产，迈出了至关重要的第一步。

到 1988 年，姜桂廷已经积累了十多万元，在当时"万元户"还是"新闻热点"的年代，姜桂廷算是最早一批"十万元户"中的一员。但是，姜桂廷并没有因此而停步不前，而是观察更好的发展前景。1988 年，是改革开放的第十年，在这一年，他迎来了事业中第一个真正的转折点。

当时，景县橡塑加工业开始兴盛起来，遍布了景县的好几个乡镇，姜桂廷在贩卖生猪到天津的过程中，也在观察这个行业。与天津相关厂家协商后，姜桂廷决定赌上全部身家，投资办厂。

于是，他把杀猪赚来的十几万元全部投资进去，买了 4 套设备，就在河北省景县孙镇曹村租赁的一个院子里成立了"景县孙镇东风压滤机橡胶板框厂"，生产的是压滤机的一种配件——橡胶压滤板，而与压滤板配套的"框"，由天津一家厂家生产，这也是后来"景津"公司和商标得名的由来。

厂子办起来了，但销路还是个问题，当时景县的橡塑制品的销售模式是生产厂谈好价格赊给推销员，推销员专门销售。串货、粗制滥造非常严重。姜桂廷决心走出自己的商业模式。

他亲自到需求厂家去推销自己的产品，他清楚地记得接到第一个订单的情景：他正在厂里干活，接到银行打来的电话，说有一个 5 万多的汇款，他听后激动地几乎跳起来。"第一个订单是湖北老河口的一个客户。"姜桂廷后来回忆说。

他把杀猪时形成的经验用在压滤板的生产中，购买了最好的原料，他每天不分昼夜亲自严格把控每道生产工序，摸索经验，把生产"又好又不贵"的产品这个理念贯彻到新投资的工厂中。

景津的产品很快赢得了客户的青睐，他们将越来越多的订单交给景津。1993年，景津搬迁到河北省景县县城景城，已经能自主生产聚丙烯厢式滤板和板框滤板，到1994年，景津掌握了压滤机大部分核心零部件的生产技术，当初的小工厂已经演变为200人规模。此时生产压滤机整机的想法自然冒了出来，压滤机是固液分离的关键设备。这一年也是新中国第一部《公司法》正式施行的第一年，景津由此开始生产压滤机。

就在景津生产压滤机不久，姜桂廷却遭遇了事业中第一次"绑架挖人"。事情是这样的，景津的一个客户是黑龙江一个淀粉糖厂，它的老板亲自来到景县提货，看到了景津公司厂区干净整洁、生产管理井井有条，特别欣赏姜桂廷的管理能力。在姜桂廷到东北要30%的尾款时，东北老板自己不露面，而是安排别人留住他，要他留在东北做他们公司的管理，如不答应，尾款不给，人也不能走。姜桂廷千方百计找到东北老板，最终说服了对方，成功追回了尾款，对方也成为景津的忠实客户。

由于严把质量关，景津公司制造的压滤机很受市场欢迎，到1997年，天津一家生产压滤机机架的工厂的厂长辞职来到景津，与姜桂廷合作生产制造大型压滤机，景津准备大展身手。

然而，亚洲金融危机不期而至，位于经济更为活跃的南方的压滤机同行业企业纷纷降价，占去了市场绝大部分的份额。景津失去了先机，陷入危机之中，然而，幸运的是，一个转机正在向它靠近。

自主制造

德国制造商的拒绝语气，逼景津走向自主制造的道路。多年以后，每当姜桂廷回忆起他接到的那个来自德国的电话时，当时的详细情景和感觉，就好像发生在眼前。

1998 年，姜桂廷接待了几个德国人，他们是德国一家知名压滤机公司的厂方代表，他们生产的隔膜滤板，能将每吨染料的废水排放量大幅降低，凭借技术优势，他们的产品在中国大陆染料行业的压滤机市场大受欢迎，他们到中国的目的是为其在中国建厂寻找合适的合作伙伴，合作生产隔膜滤板。滤板是压滤机的核心部件，不同类型的滤板质量的好坏直接影响着用户的产品质量和生产成本。

景津公司干净整洁的工厂环境、秩序井然的工厂运营、精益的工艺流程吸引了德国代表，他们在景津考察了四个小时，其中有两个半小时是在车间各处进行仔细考察。

离开时，他们对姜桂廷承诺："如果在中国建厂，我们首选景津。如果景津用了德国技术，中国这个行业将出现一个新的篇章。"随后，这几个人飞回德国，向公司总部汇报在中国大陆建厂事宜。

姜桂廷等待着德国公司的消息，180 多个日子，他却感到像半个世纪一样长。有一天，正当姜桂廷在车间做指导培训时，期待已久的德国电话号码闪入他的手机屏幕，为了避开机器操作发出的轰鸣声，他紧握着手机，一路小跑，出了车间大门，才接起了电话，希望接到最美妙的声音：德国公司同意了与景津合资办厂。

然而，电话那边传来的信息却是"我们不会在中国建厂，也不

景津织布车间

会和中国人合作"。姜桂廷明显感觉到电话里那种居高临下、颐指气使、趾高气扬的傲慢语气，这深深刺痛了姜桂廷。多年来，姜桂廷已经习惯了生意场上的成败得失，然而德国人表述的语气，仍然使他不能接受。

姜桂廷记得他当时非常生气。"明年的今天，你们会看到我的隔膜滤板在中国市场的应用。"姜桂廷回应，对方高高在上的傲慢激发了他的斗志，他觉得此刻绝不能示弱。

德国公司在中国设立了代表处，同时，姜桂廷却需要为自己的荣誉而战。

姜桂廷和景津人紧锣密鼓、将全副精力投入到隔膜滤板的研发中，经过近一年奋战，2001年5月，景津自主研发的隔膜滤板终于问世了。可惜，由于原材料问题，没达到应有的技术指标。

姜桂廷没有轻易认输，"隔膜滤板"仍时刻萦绕在他的脑海。就在同月末上海的一次展会上，他偶然发现了有可能是德国人制造隔膜滤板所使用的原材料，便立即下单购买。但是这个原料非常紧俏，卖方已经没有现成的货源，姜桂廷觉得机不可失，决定当场支付现金，请求对方务必调拨出一吨。最后，只有 500 公斤按时交到景津手中。利用这些原料，景津的隔膜滤板成功问世，打破了德国人的垄断，各项技术指标甚至优于德国，而价格比德国便宜得多。

不了解景津这段历史的人，可能永远无法看懂下面的场景：在世界压滤机行业的重要展会上，每当围绕着景津展台人数达到高峰时：姜桂廷总要拿起话筒，骄傲地大声说三遍"Made in China"。

隔膜滤板的突破将景津带入了高速发展的快轨，在中国压滤机市场，景津的地位变得举足轻重，而世界压滤机市场也很快给景津打开了一扇门。

移师德州

景津移师德州后，获得发展空间，为走向第一创造了条件。

2002 年，景津还接到了第一笔国际订单。当时欧洲最大的压滤机公司之一意大利迪美得知：景津的隔膜滤板不仅具备和德国产品一样的品质，而且价格只有欧洲产品的三分之一，于是开始购买景津隔膜滤板。随着国内和国际市场的全面打开，此时景津的景县工厂已不能满足景津发展的需求，而景县一时还提供不了扩大产能所需的土地。

正在四处寻找新厂址的姜桂廷的一次偶遇，最终促使他移师德州。河北景县紧邻山东德州，2002 年的一天，姜桂廷正在德州一个汽修厂保养自己的车辆，巧遇了时任德州经济开发区管委会主任的徐传信，两人便有了一次深刻长谈的经历，经过一系列权衡后，姜桂廷选择在德州开发区建设新的厂房。

随后，一次新的机遇再次摆在景津面前。在与意大利迪美的合作过程中，双方逐步建立了互信，2004 年，迪美将拥有专利的全套压滤机技术出售给景津，景津由此实现了跨越式的成长。与此同时，景津在德州开发区的厂房拔地而起，迪美提供的技术很快投入了生产。

2005 年姜桂廷到意大利迪美回访，恰好遇到装有景津滤板的压滤机出现故障，迪美老板想请姜桂廷看看问题出在哪里。他对姜桂廷说："别担心，不用你赔。你只要看是什么问题就可以了。"姜桂廷到压滤机跟前俯身一看，凭借多年经验，他对存在的问题已了然在胸。他回复说："有三个原因，其中两个是你们自身因素导致的，第一，你们的模具设计不合理；第二，你们的滤布出现透滤问题；第三个原因可以说是景津的责任：没有仔细了解滤板的使用工况，导致设备本来应该设置为低温，却按照常温处理。"听完姜桂廷解释后，迪美老板点头称是。姜桂廷又接着说："你不要求我赔，我也会赔你，但因为你的设计不合理，我只有一个条件，不用你的模具……"这令意大利人大感意外，握住他的手，紧紧拥抱在一起，激动地说："我做生意 20 多年，多数客商一遇到产品问题就扯皮，从没见过你这样爽快的人，让我们成为永远的朋友吧。"并开车拉着姜桂廷到海边一个高级餐厅用餐以示感谢。从此，迪美将所有订单全都交给景津，而景津的海外市场也开始逐渐开拓。

随着规模的扩大，景津压滤机产销量不断增加，景津的压滤机及配套设备在产品性能、技术水平等方面赢得了客户认可和青睐，有些产品已达到了国际领先或先进水平，无论是与国内还是与国外同行业相比，都具有较强的竞争实力。景津也成为中国通用机械协会分离机械分会理事长单位，参与起草、修订了 2 项国家标准以及

8 项行业标准，承担了国家水体污染控制与治理科技重大专项等国家级科研项目。

经过多年发展以及技术研发，景津已经成为国内和国际压滤机行业产销量领军企业。到目前为止，景津也成为世界压滤机行业连续 16 年产销量第一的企业。

景津从最初生产一个小部件到生产成套设备，这些成套设备包括压滤机、高压污泥压干机、浓缩机、U 型混合器、搅拌机、输送机、自动加药机、刮泥机、滤饼破碎机等，可以广泛应用于环保、化工、食品、制药、冶金、选煤、尾矿等固液分离领域，在这个过程中，景津也从一家小作坊发展成为一家集过滤成套装备制造、过滤技术整体方案解决、环保工程总承包及运营于一体的综合环保服务商。

即时创新

即时创新为客户创造最大价值，是景津成功的秘密之一。

在景津成品车间里，姜桂廷指着一台一层楼高的设备告诉记者，这台景津自主开发的密闭式低温滤饼干燥机，是景津即时创新的例子之一。

这台设备能将污泥含水率干化至 5%—40%，而这台设备的发明，灵感来源于姜桂廷一天早晨，看到露水时想到露水凝结时的"露水效应"，而最终设计成功的。之前，景津有组合式低温滤饼除湿机，它能把含水率 80%—65%的滤饼，处理后获得含水率10%—30%的颗粒，而姜桂廷一直考虑能否对其进行改进，干燥机就是在原来的除湿机基础上即时创新的结果。

　　姜桂廷告诉记者，他所说的即时创新，就是要随时随地想到产品和服务改进的方式、方法，这种创新包括景津方方面面的改进提升，包括研发、设计、制造、运营、物流等各个方面。

　　姜桂廷即时创新的思想与赫尔曼·西蒙在《隐形冠军》提出的持久创新不谋而合。西蒙提出，创新更多的是一种持续的完善，隐形冠军的创新不仅体现在产品和技术上，营运的过程、系统化、市场营销和服务上也同样体现出其高度的创新能力。

　　对待客户也需要创新，景津不仅要与客户成为朋友，做到"永远是您最好的朋友"，还希望将客户培育成为其发展动力的源头之一。

　　客户需求使景津做出了又好又不贵的产品。景津大量的产品出售后，客户会反馈回各种问题，景津在下一次生产时作出针对性的改进提高，如此循环往复，景津的压滤机等产品日臻完善，"做出了又好又不贵的产品"，反过来，"做又好又不贵"也成为景津人的座右铭，逐渐扩大的客户需求成为景津最好的老师。因此，景津团队经常要"缠着"客户，让客户提意见，"景津能有今天，与能从客户身上学到东西有很大关系。"姜桂廷说。

　　即时创新让景津与许多客户建立了长期稳定的战略合作伙伴关系。景津的客户大都是客户所在地区乃至全国下游行业的龙头企业，在选择供应商时更加注重产品的效率、安全可靠性和售后服务的可持续性，这也对景津产品和服务的持续改进、即时创新提出了要求，这些客户一般对景津的考察期较长，而一旦确定供应关系后，忠实度相对较高，不会轻易变动，具有业务关系和产品需求稳定的特点，从而保证了景津产品销售的持续性和稳定性。

　　即时创新也使景津拓展了市场。通过优质的产品、专业的解决方案以及全方位的技术服务支持，景津获得了客户，又通过客户对产品反馈情况提升产品的质量和附加值，力求在继续巩固与既有客户的业务合作关系的同时，进一步拓展市场范围，开发新的优质客户资源，以确保在客户资源方面的优势地位。

即时创新也让景津把服务做到最好。景津销售和服务网络健全，保证了 12 小时内到达用户现场；在国外有多家专业代理服务商，能够满足不同地域客户的技术与服务需求，通过优质的售后服务工作，在提高了客户满意度的同时，亦增强了客户黏性，保证了公司后续业务的持续增长。

除了把客户需求作为即时创新最大源泉，景津也在寻找着从内部即时创新的一套方法。比如，鼓励员工即时创新的举措之一是每个月举办创新大会，由姜桂廷主持，每个人都必须建言献策，确实会为企业带来效益的建议人，根据效益大小对其进行奖励；即使是没有派上用场的建议，也会因为其开动脑筋而授予 20—200 元不等的奖品或者奖金，而不发言的，则会被取消下次开会资格。

此外，景津还在产品加工工艺、产品质量上随时改进，在生产规模和产品结构上随时调整，保持自己的优势地位。

"景津"品牌已成为世界压滤机行业知名品牌，连续十六年产销量世界第一，产品销往美国、日本、欧盟、印度、澳大利亚、巴西等世界各地。姜桂廷说，品牌不是由哪个机构评选出来的，而是由消费者用货币当选票选出来的。

尾　声

在访谈中，当记者问及公司面临的新挑战时，姜桂廷像个年轻人一样，激情四射地即席演唱了 2017 年自己作词的《一路走来》：

> 人世间总有一团火焰
> 让平凡的生命绽放光彩
> 那是相聚中所有人的期待
> 快乐的大门就此打开
> 谢谢你　陪我一路走来
>
> 多少年都难以忘怀
> 你说相逢是缘　哪怕山高路远
> 我说有你相伴　人生不再徘徊
> 血脉里总有一抹鲜红
> 彼此相印出赤诚的情怀
> 那是风雨里共同走过的路
> 幸福的脚步越走越快
> 感恩你　与我一生相伴
>
> 多少事如身边花开
> 不忘追梦初心　绿叶始终伴随
> 你我彼此追逐　开始新的时代
>
> 亲爱的朋友你好吗
> 你是我一生最珍贵的情缘
> 谢谢你不离不弃的爱
> 感恩你陪我一路走来

XINLEI 鑫磊®

第十五篇

鑫磊压缩机：靠节约用电就能有利润

黎光寿

如果企业不卖产品了，还能挣钱吗？来自浙江温岭的中国压缩机龙头企业——鑫磊压缩机股份有限公司（以下简称"鑫磊股份"）用自身的经历证明：能！

鑫磊股份在商业模式上的变革说明，一个机械制造企业，如果选择正确的商业模式，就可能站上风口，成就卓越。现在鑫磊面对的空气压缩机升级换代的存量市场，容量高达1000亿元以上，且是工业更新换代中的"刚需市场"。

反倾销诉讼，倒逼凤凰涅槃

随着时代发展和科技不断进步，空气动力就像水、电作为基础能源一样而普遍存在。而空气压缩机就是空气动力的缔造者，任何一家企业若需要空气动力，就必须要配备空气压缩机，比如像基建、冶金、矿山、造纸、纺织、机电等行业的企业。

从结构上来看，空压机主要通过压缩机内的泵，吸收并压缩空气后让之具有动能输出，驱动相关的机器设备工作。从今天来看，生产空压机的技术并不复杂，但在十多年前，中国企业使用的空压机，主要依赖进口。现在，国产的空压机正以迅雷不及掩耳的速度，迅速取代进口空压机的位置。

浙江温岭是中国通用机械协会授予的"中国小型空压机之都"。成立于2006年的鑫磊压缩机股份有限公司（股改前身为温岭市鑫磊空压机有限公司）就是该市空压机行业的领军企业，拥有年产150万台空压机的能力，有活塞机、回转式、涡旋式和螺杆式四大产品系列，规格从1HP到600HP不等，款式有1000多种，远销世界100多个国家和地区。

据鑫磊股份行政总监陈琳介绍，鑫磊的产品不仅行销国内，还在德国、美国、意大利、荷兰、比利时、墨西哥等国家广受欢迎。公司是国家级高新技术企业和全国最大的小型空压机制造商，同时

也是中国通用机械工业协会压缩机分会副理事长单位、中国机电进出口商会理事单位。公司正筹划登陆 A 股资本市场。

鑫磊的创始人钟仁志，是一位 70 后有为青年，1996 年创建鑫磊工贸有限公司生产活塞式空压机，专供欧美市场，发展迅猛，后期公司改制为浙江鑫磊机电股份有限公司，2007 年该公司销售额近 8 亿元，产品占有欧洲细分市场 56% 的份额。但由于产品线相对单一，2006 年欧盟对中国空气压缩机产品发起反倾销调查，2008 年 3 月被欧盟正式起诉并被认定败诉，浙江鑫磊机电股份有限公司受到致命一击，销售额一下子降到 3 亿元左右，公司的上市发展计划受到严重影响。

不过每个平凡人的成功，必定有其不平凡的经历，因为钟仁志先生的前瞻远见，2006 年被欧盟反倾销调查期间，重新成立了一家新公司：温岭市鑫磊空压机有限公司。反倾销败诉后，钟仁志重点培育发展这家全新公司，并调整战略规划和经营策略，2017 年温岭市鑫磊空压机有限公司的销售额恢复到近 7 亿元人民币，并完成股改，变更为鑫磊压缩机股份有限公司。

近十年的再发展，鑫磊股份和之前的公司相比发生了翻天覆地的变化——在产品结构上，除了原有单一的活塞式压缩机以外，还开发了回转式、涡旋式和螺杆式空压机，鑫磊股份还拥有了 19 项发明专利和 70 多项实用新型专利；在品牌战略上，从原有单一 ODM 生产模式，发展为以鑫磊自主品牌为主，ODM 并存；在销售模式上，鑫磊从原先单一生产销售产品的传统模式发展为以产品销售和合同能源管理并存的模式；在客户目标上，鑫磊从原来的外国家庭为主转变为以工业配套、服务为主。

值得说明的是，活塞式空压机销售对象是欧洲家庭用户，以

ODM 模式生产，由欧洲客户销售；螺杆式属于大型空压机，以工业使用为主，属于鑫磊的自有品牌"XINLEI"，出口和内销并重。在国内工业应用上，目前已经有利欧股份、紫金矿业、华新水泥等多家上市公司使用鑫磊生产的空压机。鑫磊股份常务副总经理冯海荣表示，鑫磊压缩机目前专注于中国工业转型的"引进后时代"的压缩机升级换代，这一块的市场规模在千亿元以上。

据介绍，2017 年以来，鑫磊股份正在准备朝上市的目标再迈出一步，已经接受了相关券商、律所、会计所机构的辅导。预期三年左右登陆 A 股资本市场，而那时的中国压缩机市场，将会更加理性和成熟，公司上下管理层和投资者都期待拥有更美好的未来。

绝地求生，掀起节能革命

2007 年是一个非常重要的时间节点——这一年的 3 月 20 日，欧盟贸易委员会作出裁定，认定鑫磊压缩机对欧洲存在低价倾销行为，对其加征 77.6% 的关税。冯海荣告诉记者，之所以被欧盟"反倾销"，主要原因是当时鑫磊产品在欧洲市场的占有率高达 56%，触动了当地同行的利益。

当时鑫磊整机出口欧盟的税率是 10%，外国合作伙伴购买了鑫磊的压缩机之后，通过渠道分销等模式，销售到欧洲各地。但鑫磊对欧洲市场 56% 的庞大占有率，让竞争对手动心，有不少公司希望通过在国内设立公司的方法，让鑫磊供货，然后这些公司再另行加价在欧洲市场出售。和鑫磊原来的销售模式相比，竞争对手提出来的销售方式，会让鑫磊丧失定价权。

鑫磊没有接受竞争对手的合作建议，于是鑫磊遭受了欧盟的反倾销制裁，一下子就失去了一大半的销售额。这次被欧盟反倾销制裁之后不久，又遭遇了全球金融危机和欧洲债务危机，到2012年，鑫磊的销售额甚至降到3亿元。

对鑫磊来说，过度依赖在单一产品和单一客户上，存在着极大的风险，鑫磊面临转型，不过制造业转型并不容易，研发测试一个新产品，都需要十年八年的时间。鑫磊创始人钟仁志是一个对制造业痴迷的人，在鑫磊最艰难的时候，他为了赚钱"养"实业，进入房地产开发行业。

鑫磊公司经过研究发现，改革开放30年是大规模引进国外空压机的30年，而空压机在工业企业中属于耐用品，寿命普遍在15年到20年以上，甚至有的达到30年。在2008年前后，这些空压机已经逐步进入到需要更新换代的阶段了。

由于中国工业用电价格比居民用电价格昂贵，对中国制造企业来说，电力开支是一笔仅次于原材料成本的开支，土地厂房设备和人力资源支出在电力开支面前，反倒不那么突出。而随着中国环保要求的提高，原来引进的空气压缩机的能耗水平仅相当于新能耗标准的二到三级。如果能够把空压机的电耗能降下来，对中国制造企业也是一个巨大贡献，同时也能够让制造业企业更加符合环保要求。

鑫磊公司发现，传统的压缩机的结构是单机压缩，也就是说，在一台压缩泵中，从进气到排气一次性要达到9个大气压，这对泵机的要求很高，在压缩过程中不可避免地会产生气体流失；另外，就是在压缩气体过程中会产生热量，一台泵机不利于散热，为了让最终释放的气体达到工作压力，压缩机就必须多做功，从而造成了浪费。

　　针对传统压缩机产生的问题，鑫磊采用了两级压缩的模式，在压缩机内安装两个串联的泵，第一级泵机的工作范围是把空气从一个大气压缩到三个大气压，第二级泵机再进行二次压缩，把空气从三个大气压缩到九个大气压，每次压比都为 3 : 1，降低了泵机的压比，减少了压缩过程中的气体泄漏，同时也加大了压缩过程中的高压气体冷却，实现等温压缩。

　　与传统的单机压缩相比，鑫磊的两级压缩机极大地提高了效率，达到了国家一级能耗标准，节约能源在 20% 到 50% 之间，原来一台压缩机一年需要花费 100 万元电费，使用鑫磊的压缩机后只需要花费 60 万元左右，所节约的钱对企业来说就是一笔很不错的收入。

有了好产品，并不意味着很快就可以推广，需要找到客户使用，再一步一步地完善，才能让产品越来越完美。但对中国制造来说，最大的问题就是信任问题，中国的用户不相信中国企业生产出了比国外企业更好的产品，很多时候连试用都不愿意。经过几年的摸索，鑫磊找到了一个很好的推广方法。

以送促销，节约的就是利润

这个方法就是以送促销，用冯海荣的话来讲叫"合同能源管理"——把鑫磊公司具有革命性的产品，免费提供给国内工业企业使用，双方共同分享节约能源所带来的红利。"一般企业使用我们的空压机，只需要一年的时间，就可以把一台空压机的费用给挣回来了。"

这个合同能源管理怎么做呢？冯海荣告诉记者，就是鑫磊和用户一起，先核定好用户原有空压机的能耗，然后再把鑫磊的空压机部分或全部安装到生产线上正式运行，两个设备在相同工作时间和工作强度上所产生的能源消耗差额，拿来给鑫磊和用户共同分享，具体分成比例是由双方协商确定，普遍做到二八分成，鑫磊占80%，客户占20%。

为什么要采用这种方法呢？最直接的原因是鑫磊属于新公司，名气没有西方存续了几十年上百年的企业大，且空气压缩机属于耐用装备，二三十年前安装的设备除了能耗高的缺点之外，使用功能上一点都不受影响，要让企业更换不知名企业生产的装备，简直比登天还难。

冯海荣告诉记者，全球空气压缩机主要有阿特拉斯、英格索兰、寿力三大品牌，这些品牌共同的特征就是产品性能有保障，但销售价格和维护价格十分昂贵，比如阿特拉斯的空气压缩机一台要三四十万元，一次保养费要五六万元，一年要保养两次，三年保养完全够买一台新设备了。"这些空压机基本上是三级能效标准，每年电力耗费非常高。"

而鑫磊空压机是一级能效标准，用户只要使用了鑫磊的空压机，一年节约出的电费足以购买一台新设备。这样问题就好解决了，只要用户使用鑫磊的空压机，鑫磊还可以提供免费的维护保养服务，节约下来的电费双方共同分享，极大地减轻了用户的资金负担。冯海荣还介绍说，国家电网对这种合同能源管理模式非常支持，采用这种方法运营的企业，还可以获得电费八折的优惠。

江苏的一家纺织企业成了这种模式的第一个吃螃蟹者，该公司原来使用的是美国的空压机，每天电费消耗巨大，装上鑫磊的空压机之后，只要安装一个鑫磊的手机应用软件，每天设备用电情况随时反映在手机上，一天一台空压机节约用电 800 度。很快，该公司大约 300 台空压机全部更换成鑫磊的产品。

山东黄金和紫金矿业都是 A 股上市公司，也是空压机使用大户，山东黄金一家就有 200 多台，紫金矿业也有空压机五六十台，它们开始时对鑫磊的空压机将信将疑，但试用之后，把生产线上的空压机都换成了鑫磊的空压机。钱江摩托最开始只使用了一台，结果用到三个月，发现每个月节约用电 3 万元，申请提前终止合同能源管理合作，直接掏钱购买了鑫磊的空压机产品。

冯海荣介绍说，合同能源管理一般一签就是三年到四年，第一年节约的电费基本上覆盖了机器设备的价格，后边几年全是利润。

冯海荣介绍，从 2017 年推出合同能源管理业务以后，鑫磊一共送了 1000 多台空压机到不同的企业去，包含了华新水泥、冀东水泥等上市公司，也有许多中小型民营企业，结果一些客户使用不到三个月，就提出购买鑫磊的空压机，大约 60% 的空压机被客户买走了。

外资同行，正在退出中国市场

中国制造正在崛起，这是不争的事实，空压机行业也是这样。不过崛起的过程一点都不轻松，每一个行业的崛起，都面临着激烈的斗争，而经济领域里的斗争看似平静实则波澜暗涌。

在空压机领域，十几年前都是国外品牌垄断，市场上没有中国品牌，一台结构上最简单的螺杆式空气压缩机，一般都能卖到 3 万元，现在中国品牌出来之后，螺杆式空压机价格跌到 1 万元左右，国内生产销售螺杆式空压机的厂家还有丰厚的利润，国外老牌企业觉得无利可图，逐渐退出市场。

冯海荣介绍，最初鑫磊被欧盟反倾销，就是因为鑫磊的活塞式空压机质量好价格低，欧洲同行竞争不过，到中国投资想独家垄断被拒，才导致了欧盟委员会反倾销诉讼。"无论什么行业，一旦被中国掌握核心技术，成本就会下降，这是中国制造的一个特点。""现在中国的机器稳定性，节能方面比国外产品还要好。"

"现在欧洲很怕我们中国的产品"，冯海荣介绍，鑫磊股份在欧洲参加展会，欧洲经销商把鑫磊的机器展示出来，结果欧洲的同行就跑出来跟他说"中国的产品你不能卖，你一卖大家的利润就没了"。

"销售的时候，欧洲人比较相信欧洲人"，冯海荣介绍，"过去我们没有在欧洲找经销商，参加展会的时候，欧洲的同行都会想方设法对他们的客户说我们中国人的产品不行，欧洲的客户也就信了"，"现在我们去参加展会都是让我们的欧洲经销商去，欧洲的同行就很有意见，因为有欧洲人帮我们推广产品了，他们再说我们的坏话也没有优势了。"

据介绍，鑫磊在欧洲销售的活塞式空压机，一般价格在60到100美元之间，这还是欧洲经销商把价格提高两倍之后的价格，欧洲同行仍觉得这个价格太便宜了，让鑫磊的经销商不要卖中国的产品，说他一卖中国的产品大家都没利润了，但该经销商并不理会同行的抗议，答应鑫磊把市场做到1000万美元以上。

2018年，鑫磊股份设立的国际销售部，引进高端人才，大力发展海外市场，重点负责欧洲、北美、南美、非洲、东南亚、大洋洲等，让鑫磊生产的空压机大胆地走出去。

而国际上老牌的空压机公司，也正逐步被中国人购买——英国霍洛伊德被重庆机电收购——公司生产的铣床和转子，在国际上享有盛名，且该公司在空压机的关键零部件上，是世界上说一不二的隐形冠军，具有极强的话语权。

鑫磊的上市，也是希望能够让公司形象进一步提升，在资本市场上获得更多的支持，以进入日益激烈的国际空压机企业的并购市场。

DunAn 大通宝富

第十六篇

大通宝富：精准布局树标杆

秦　伟

　　作为国内鲜有的掌握单级高速蒸汽压缩机技术能力的知名环保企业，南通大通宝富风机有限公司始终秉持"以客户为中心，匠心专注"的发展战略砥砺前行。显然，在50载的发展历程中，提供核级品质、激发绿色动能已成为南通大通宝富风机有限公司（以下简称"大通宝富"）的铮铮承诺。

　　作为一家原机械工业部定位于风机设备制造的大型骨干企业，亦是首家荣获风机"准生证"的业界中坚力量，身处环保产业的巨大变革中，近年来，大通宝富提供了一种"范例"：以科技创新催生内源动力，以工匠精神打造中国智造。

　　谈及过去50年的企业发展历程，大通宝富副总经理黄静宇坦言，无论是大通宝富扎根鼓风机制造应用方案，还是以通风机、鼓风机、核电风机、MVR蒸汽压缩机四大产品并举的主营市场板块，再到后来的全产业风机综合服务商，无一不是根据时代需求调整业务发展战略。

强强合作开启行业新时代

早在 1966 年 11 月，作为大通宝富的前身，南通市胜利人民公社冷作机械修配厂成立；1970 年 4 月，南通市胜利人民公社冷作机械修配厂改名为南通鼓风机厂，着力攻坚鼓风机设备的一体化应用技术解决方案；1984 年 5 月，适时响应改革春风，将业务板块延伸至风机全产业链良性发展，南通鼓风机厂更名为国营南通风机厂；1997 年 7 月，随着改革开放的不断深入，股份制改造成为一个浪潮，南通风机厂也经过股改更名为江苏大通风机股份有限公司（以下简称"大通风机"），建立起产权清晰、权责分明、政企分开、管理科学的现代企业制度，谋求企业的更大发展；2004 年 12 月，为大力汲取国际领先制造工艺，大通宝富率先开启外资合作模式。

时间回溯到 2004 年，这是大通风机最值得铭记的一年，2004

年 12 月，江苏大通风机股份有限公司与德国宝富风机有限公司合资，成立南通大通宝富风机有限公司，"与德国宝富风机有限公司合资，成为国内风机行业第一家中德合资企业，德方占股 25％，主要是技术入股。"黄静宇介绍，"中德两著名风机厂家的强强联合，风机设计、制造技术的优势互补，使新兴的南通大通宝富风机有限公司的综合经济实力和技术力量均在全国风机行业中名列前茅。"

德国宝富风机有限公司成立于 1906 年，是一家具有 100 多年风机生产历史的西欧老牌风机专业厂家，位于德国北威州门兴格拉德巴赫市，自公司成立以来一直致力于有关空气动力学技术的研究与开发，并制造用于工业领域占领先地位的高效率风机。其高温、耐磨、高效的技术特点在欧洲乃至全球都享有很高的声誉，宝富风机产品畅销世界各地，并占领 80％以上的欧洲市场份额，其公司综合经济实力名列德国前 10 名。

大通宝富通过中外投资方的强强联合，具备了强大的实力，拥有数百名素质优秀的设计、制造、管理人才；国内一流的产品设计和工程设计系统；160 亩厂区和 65000 多平方米的生产加工厂房；数百台（套）高效加工设备和专用设备能满足生产各类风机设备数万台（套）的制造规模；有生产制造 42 号特大型烧结风机的业绩；有完善高效的产品质量监控体系和风机性能全自动检测系统。

非凡匠心成就行业标杆

2016 年 4 月 24 日，中国机械工业联合会在四川省内江市主持召开了南通大通宝富风机有限公司研制的"600 兆瓦超临界循环流化床锅炉一、二次风机"和"单级高速离心鼓风机"产品鉴定会。

鉴定委员会专家由国家发展改革委自主研发超临界 600 兆瓦循环流化床专家组教授级高工马怀新、清华大学院士岳光溪、中通协风机分会原秘书长陈凤义等十位专家组成。与会专家首先对风机产品在白马电厂的运行情况进行了翔实考察，认真听取了产品的研制技术总结报告、查新报告、第三方测试报告，并检查了知识产权证书和用户使用意见等资料。经与会专家和代表的鉴定，一致认为：为 600 兆瓦超临界循环流化床锅炉配套生产的一、二风机属国内、外首台（套）产品，各项技术性能指标达到国际先进水平；单级高速离心鼓风机技术性能指标达到国内先进水平。

四川白马循环流化床示范电站有限责任公司为神华集团下属企业，负责国家"十五"重点工程"四川白马 30 万千瓦循环流化床示范工程"和国家"十二五"重点工程、世界首台"四川白马 600 兆瓦循环流化床机组示范工程"的生产经营管理。世界首台"四川白马 600 兆瓦循环流化床机组示范工程"获得了 2015 年度中国电力科学技术一等奖，大通宝富作为重点设备提供商一并获此殊荣。

单级高速鼓风机是污水处理、发电厂等行业的节能先锋产品，其转速最高可达 24000 转 / 分钟，其加工精度以丝为单位计算（1 丝 = 0.01 毫米），大部分市场为西门子、日本川崎等企业所主导。大通宝富根据用户需求独立研发，与外部优秀供应商充分交流合作，攻克重重技术难关和天气寒冷等不利因素，发挥连续作战的作风，通过连续 48 小时的调试，使出厂实验一次性成功，为公司单级高速鼓风机市场推广及技术参数的确定奠定坚实的基础。

燃煤烟气中的二氧化硫是大气污染的主要成因，随着人们对大气污染关注程度的增加，减少二氧化硫污染已成为大气治理的当务之急。氧化风机是电站烟气脱硫净化处理过程中不可缺少的设备，大通宝富生产的单级高速离心鼓风机主要用于烟气脱硫工艺，对各类锅炉和焚烧炉尾气的治理也具有重要作用。完善的单级高速系列化型谱，为进入电厂脱硫等单级高速鼓风机应用领域积累经验，也为小型压缩机的开发奠定了基础。

随着单级高速鼓风机的齿轮箱和高速叶轮及稀油站等部件试装运转实验的成功，现场人员无不欢欣鼓舞。这意味着大通宝富在新产品市场拓展上又迈出坚实一步。

"单级高速鼓风机转速高、体积小、节能降耗，是风机行业高端产品之一，也是大通宝富战略转型的依托产品。"黄静宇介绍，"我们的研发团队是一支年轻的跨部门研发团队，先后攻克多道技术难题，迅速形成制造、测试和外购件配套能力。产品研发的成功，使大通宝富拿到了跨入高端风机制造领域的敲门砖，得到了大唐、华电等主流电力公司的高度认同，并且成功进入市政污水行业，市场前景广阔。"

技术革新建设美丽中国

"雾霾""PM$_{2.5}$""环境污染""空气净化器""新环保法"等这些关键词都是近几年人们生活中关注的事，其折射出中国环境保护当下面临的严峻形势。中国节能环保产业在节能减排、减少污染等方面亟待作出改革进步。而压缩机作为其中重要的一个环节，在节能环保产业中有巨大发展潜力。

当前，中国的经济发展处于历史的关键点，对于改善工业生产与生活息息相关的压缩机而言，则是蓬勃发展的契机。作为正在积

离心式蒸汽压缩机（高温升）

极建设资源节约型和环境友好型社会的我们，压缩机无疑为绿色产业和绿色经济带来更具活力的新形态。

据中国通用机械工业协会数据统计，目前我国现有 4800 多万台泵、风机、压缩机在运行，年耗电量占全国用电量的 40% 左右。其中有相当一部分泵、风机、压缩机设备陈旧、运行效率低，每年浪费电力达 400 多亿度。

随着企业对压缩机能耗的认识越来越强，节能意识增强，压缩机逐渐成为工业节能领域备受关注的节能对象。如何在压缩机节能技术上突破创新，成了工业节能减排的重要任务。从某种程度上说，提升压缩机品质是工业节能的有效途径。

可以预见，随着绿色制造标准不断提升，机械式蒸汽再压缩技术（Mechanical Vapor Recompresion，以下简称 MVR）蒸发系统亦被视作众多企业的"标准配置"。

MVR 的基本原理是通过高能效蒸汽压缩机来压缩蒸发器出来

的二次蒸汽，将电能转换为热能，提高二次蒸汽的压力和温度，升温后二次蒸汽重新回到蒸发器对物料加热产生蒸发，从而达到二次蒸汽的汽化潜热循环使用的目的。简言之，即重新利用自身产生的二次蒸汽的能量，从而减少对外界能源需求的一项节能技术。

"MVR低温升蒸汽压缩机主要应用于环保、食品、造纸、化工等多个领域，低温升蒸汽压缩机与高温升蒸汽压缩机相比，结构更简洁，运行更平稳。"黄静宇介绍，"但此前市场上的MVR低温升蒸汽压缩机主要制造商只有琵乐、豪顿华、阿特拉斯等国际品牌，市场基本被国外品牌所垄断。"对于大通宝富来说，如何走出自主创新的突围路，成为企业彼时的重要议题。

为此，在技术成果转化方面，MVR蒸汽压缩机被大通宝富赋予了多重核心竞争力。大通宝富结合客户使用的实际需求，采用径向叶片闭式叶轮结构，借助于先进的流体动力学（CFD）分析工具，保证蒸汽压缩机高效运行；叶轮采用2507双相不锈钢板材焊接成型，具有良好的耐磨及抗腐蚀性；轴端密封采用碳环＋充气结构，防止空气污染，减少泄漏率。压缩机与高速电机直联，结构紧凑，运行可靠。

基于此，由大通宝富自主创新研发的MVR蒸汽压缩机一度被业界视作"金牌制造"。黄静宇如数家珍道，"MVR蒸汽压缩机全套引进国外成熟模型机及设计软件，并采用高效三元流半开式叶轮。同时，壳体制作精良，通过焊接不锈钢拼接成型，也可采用铸造件。齿轮箱结构紧凑，油封及气封均以梳齿密封式样为主。"

黄静宇就此分享了两个有代表性的案例：第一个是河北诚信化工集团，12T蒸汽压缩机，进气温度80℃，出口温度104℃。由此案例可以看出大通宝富的单级高速蒸汽压缩机技术，可以做到

24℃的高温升值。第二个是广东三水恒益电厂，15T蒸汽压缩机，进气温度102℃，出口温度110℃。大通宝富做的是低速两级蒸汽压缩机，温升只有8℃。

"我们还是国内首家电厂脱硫废水零排放的蒸汽压缩机设备供应商。从以上案例可以看出大通宝富是国内少有的不但具有单级高速蒸汽压缩机的技术能力，而且具有低速多级蒸汽压缩机技术能力的设备供应商。"黄静宇继续介绍，"'以客户为中心，匠心专注，提供核级品质的绿色动力设备'是大通宝富的承诺。"

2018年3月10日，大通宝富再传捷报，其最新研发的"DM型MVR蒸汽压缩机"经中国通用机械工业协会组织的产品鉴定会认定，鉴定会认为"DM型MVR蒸汽压缩机"具有完全自主知识产权，是机械式蒸汽再压缩系统（MVR）的核心设备。"产品具有节能环保、设计理念先进、防腐性能优良、结构紧凑、维护方便、智能化程度高等特点。该项目产品经工业运行考核，在安全、高效、节能、运行稳定、智能化水平等方面成效显著。"一名鉴定会专家如此描述。

产品鉴定会认定"DM型MVR蒸汽压缩机"实现性能曲线工况范围宽广、特殊结构设计密封性能佳、产品整机多变效率达到85%以上等多项技术突破，技术性能指标达到了国际先进水平。产品现场运行状况良好，振动峰峰值小于等于8微米，轴承温升小于等于35℃，达到API617标准要求，远程监控系统实现产品运行状态的实时数据传输和监控，提高了运行可靠性，得到客户高度认可。该产品应用于MVR蒸发系统，较传统多效蒸发系统年单台可以节约运行费用约515万元。

"DM型MVR蒸汽压缩机研发成功，打破了MVR系统核心设备被国外垄断的格局，成为工业废水零排放、食品、制药、化工等节能环保和工业领域的关键设备，引领国内高效、节能和高可靠性技术及设备的发展。"中国通用机械工业协会会长黄鹂介绍，"该项目既环保又节能，有非常好的市场前景。不仅会对研发企业带来巨大的经济效益，而且符合国家倡导的高端装备制造节能、环保、智能化总体要求，有力推动了离心压缩机关键技术进步。"

"DM 型 MVR 蒸汽压缩机的成功研制，标志着大通宝富正式进入高端品牌序列，将与多个国际大牌同台竞技！"黄静宇自豪地说。

"健康，舒适环境的引领者，这是大通宝富的愿景。"黄静宇表示，"我们的技术和产品核心是绿色节能。绿色节能是我们产品领先的地方，也是我们产品的核心竞争力和优势所在。大通宝富也将坚持不懈地致力于绿色节能压缩机的设计研发！"

兰州真空

第十七篇
兰州真空：旗舰企业梦想起航

焦建全

从兰州真空大门进去，左侧有一排公告栏，向前走百米就是生产厂区大门，右侧是一座典型的建于20世纪80年代初的工厂办公楼。经过有些斑驳的楼梯，爬到六楼楼顶朝厂区看，几座车间挤在生产区，略显局促，其中还有些红砖车间。这是一家外表看起来非常典型的20世纪八九十年代的中国普通工厂。

然而，这家工厂生产的设备在应用上却非常"高大上"。它们在毛主席纪念堂、二代身份证、卫星通信、"载人航天"工程、"探月工程"、新型战斗机、重离子加速器治癌、光伏薄膜等生产和服务上都有重要应用。

这就是我国机械工业真空设备行业的骨干企业——兰州真空设备有限责任公司（以下简称"兰州真空"）。兰州真空原是一家"三线"工厂，历经重点工程配套、现代企业改制、企业内部改革、资产重组等重要阶段，目前是国内一家集真空、低温、压力容器三种技术于一体的专业化生产企业，产品技术水平绝大部分居国内领先地位，有相当一部分达到国际先进水平。

兰州真空董事长梁新伟告诉记者，真空制造是中国制造不可或缺的环节，也是提升中国制造的重要环节，兰州真空通过内部改革、资产重组、出城入园和争取早日上市，一定会成为国内真空行业的旗舰企业。

曙光岁月

1977 年 1 月初，兰州真空前身兰州曙光机械厂（以下简称"曙光厂"）接到当时国家第一机械工业部（以下简称"一机部"）命令：为毛主席纪念堂生产高真空抽气机组 4 台，2 月底即需交货。

正是中共中央主席毛泽东的"三线建设"的命令，曙光厂才得

以建立，距离 1977 年 1 月恰好 12 年。"三线建设"是指自 1964 年起在中国中西部地区的 13 个省、自治区进行的一场以战备为指导思想的大规模国防、科技、工业和交通基本设施建设，也是一次极大规模的工业迁移，背景是中苏交恶以及美国支持台湾在东南沿海搞所谓"反攻大陆"。

曙光厂从接到建设命令组建，到正式开工投产，仅用了 7 个月时间。1965 年 1 月 16 日，一机部下达了"兰州曙光机械厂 1965 年基本建设计划指标"。3 日后，指定曙光厂的工艺设计由迁出厂上海曙光机械制造厂负责，土建由甘肃省设计院承担，厂址利用了兰州市七里河区通用机械厂原址。5 月 20 日，施工队伍进行现场全面动工。到 7 月 10 日共用 50 天时间，基本结束基建施工任务。8 月 5 日，正式开工投产。曙光厂用生产的第一批 50 台真空阀门产品向当年的国庆节献了礼。

当时，给曙光厂定下的目标是要其成为全国最大的真空行业生产基地。1966 年 3 月 18 日，一机部准备继续扩建曙光厂，先期达到年产真空设备 500 吨的能力，后续向曙光厂总投资 780 万元，最终达到年产真空设备（真空获得、应用、检测、阀门）1020 吨的生产能力，形成全国最大的真空行业生产基地，并计划建立"兰州真空设备研究所"。

然而，以上项目均因"文化大革命"开始而中止。即使如此，曙光厂也为国家作出了重大贡献。曙光厂 1974 年 12 月自行设计、制造的我国第一台超高真空扩散焊接机试制成功，极限真空、工作压力、炉温等主要技术指标均达到或超过了设计要求，填补了我国扩散焊接领域的空白，给不同金属焊接和高温耐火金属退火等科研和生产提供了有利条件。1975 年 11 月 5 日，试制成功我国第一台高效无油超高真空机组。1976 年年初，在国家卫星通信工程中承担了液氮、液氧、液氢加注车等 7 种产品的研制生产任务，用于我国的卫星通信事业。尤其是 1976 年 3 月 27 日，曙光厂提前 3 天完成了为国防科委重点工作工程配套系统，5 个月后，又提前 40 天完成了真空分支管道系统。至此，曙光厂承担的"军工大型、关键产品"真空管道和分支管道任务全部完成，当时，国防科委、一机部都发来了贺电。

时隔不久，就传来毛泽东主席逝世的消息，曙光厂很快就接到了为毛主席纪念堂提供真空设备的任务。曙光厂当即将其作为 1 号任务，于 1977 年 1 月 11 日成立了会战指挥部。2 月 5 日，就提前 25 天完成了 4 台高真空抽气机组的国家任务，无论是生产周期还是技术、性能、指标，均创造了曙光厂同类产品的最好水平。4 月 20 日，一机部下令，要求为毛主席纪念堂制造高真空阀门。6 月，曙光厂收到"毛主席纪念堂专用设备研制组"赠送的一面"在真空装置会战中作出了贡献"的锦旗。7 月 26 日，一机部又下令，要求曙光厂为毛主席纪念堂制造高真空抽气机组，曙光厂当即提供了现货。

砥砺前行

2008 年 9 月，中国第三个载人航天飞船神舟七号是中国首次进行出舱作业的飞船，航天员在太空空间出舱行走取得成功，标志着我国突破和掌握太空出舱活动相关的关键技术。

神舟七号飞船升空之前，航天员需要在载人航天工程的"空间环境模拟设备"中反复练习，空间环境模拟设备主要是由兰州真空提供的。兰州真空总工程师马强告诉记者，载人航天的空间环境模拟实际上是一种真空模拟，需要真空行业各方面技术的综合。为了配合载人航天空间环境模拟实验，兰州真空派出服务团队，随时为中国航天员科研训练中心解决真空设备方面的相关问题。

2008年11月11日，兰州真空在中国航天员中心召开的神舟七号载人航天飞行任务协作单位表彰会上，受到了中国航天员科研训练中心、中国载人航天工程办公室高度评价："兰州真空在神舟七号飞船载人航天飞行任务中作为重要协作单位，为实现中国首次出舱活动任务作出了主要贡献。"

兰州真空从最初接受载人航天工程的任务到这次庆功，已经过去整整16年。16年前的1992年，中国启动了"载人航天工程"，兰州真空作为"受控生态生保系统"的研制单位，成为"载人航天工程"主要协作单位，连续提供了宇航服、温湿度控制、集成演示验证模拟试验舱等多种航天模拟实验装备，这些产品均被列为国家重点产品。

神舟七号飞天两年之后，兰州真空再次协作中国探月工程。2010年12月20日，兰州真空作为中国探月工程嫦娥二号任务重要协作单位，应邀选派代表参加了中共中央、国务院和中央军委在人民大会堂举办的庆祝中国探月工程嫦娥二号任务成功的大会。

在此次"登月工程"中，兰州真空又一次成为登月着陆器主发动机"满流试验舱""羽流试验舱"及"部件空间试验台"的研制生产单位。其中，登月着陆器主发动机"满流试验舱"和"羽流试验舱"是主发动机火箭精确控制试验平台，需要逼真模拟太空环境，并承载主发动机火箭工作时产生的巨大作用力和有害毒气，为测量发动机在运行过程中所有的工作参数提供可靠平台。

兰州真空一直是国家航天工程重点配套单位。先后为我国的"载人航天"工程、"探月工程"研制生产了"综合演示模拟舱""温湿度控制模拟舱""应急生命保障模拟舱""76km 空间火箭姿态调整试验舱""探月工程着陆器发动机满流试验模拟舱"等空间环境模拟装备。在这类产品中，兰州真空的工作重点是解决控温精度和自动化设计等关键技术，采用模块化设计加工，承揽大型非标系统工程，提供系统解决方案。

兰州真空担任协作任务的"载人航天工程神舟七号""探月工程嫦娥二号"为自己增添了荣光，然而，平衡军品和民品的问题摆在新任领导面前。

内改外联

1978 年，曙光厂承担了我国"东风五号""巨浪一号"液氮贮槽和液氢容器的研制任务，受到中共中央、国务院、中央军委和国防科工委的表彰。然而，改革开放后，为国家重点工程配套的军工配套厂也面临自身发展的问题。

为适应改革开放的要求，强调自身的真空行业特色，1979 年 9 月，曙光厂改名为"兰州真空设备厂"，1997 年，"兰州真空设备厂"因现代企业改制的要求，改制为"兰州真空设备有限责任公司"。随着国家经济管理体制改革，兰州真空先由部管企业下划为省管企业，再下划至兰州市管企业。

然而，军工特色既是优势，也有体制限制，在自身改革中，需要平衡多方面的关系。2010 年年初，兰州真空树立了"做精军品、做强民品"的发展思路，确立了专业化快速发展的经营模式，提出

兰州真空为客户研制的大型真空设备

了在做大做强真空产品的前提下，加强科技开发，提高技术创新能力，创造出世界知名的真空产品品牌，确立了"成为国内真空设备行业的排头兵"的公司目标。

梁新伟等新任管理团队采取了四条主要措施。一是统一思想，转变观念。通过几个月的调研了解，新任管理团队敏感地注意到改制后公司干部职工在对企业经营发展的观念上思想不统一。经过认真分析研究，提出了解放思想、快速发展的思路，并提出了具体发展目标，就此思路和目标先后提交经理层、中层干部反复讨论，直至思想统一。

二是在企业管理方面积极进行改革调整。首先对管理部门进行了优化合并，加快执行速度，提高运行效率。同时对薪资分配制度进行了修订，确定了以工时定额为核心的绩效挂钩分配考核机制，安排劳资、生产、技术和考核部门相关人员组成专项小组，通过外部学习借鉴、外聘专家讲课等形式确定了新的工时定额标准和管理办法。

三是加强销售队伍和销售网络的建设。根据企业现状扩充了销售队伍，并按产品类别分别设置了真空获得及专用设备、真空镀膜设备、真空炉设备、低温储运容器四个专项销售部门，推出以销售费用大包干为核心的绩效考核办法，把责、权、利落实到每一名销售人员，最大限度地调动了销售人员的积极性。

四是重新构架技术支撑团队。把原有的技术部门分解成与产品专项销售部门相对应的四个技术团队，每个团队由一名副总工程师牵头，进行产品优化设计，开发具备市场潜力的新产品，提升企业产品核心竞争力。

在进行内部体制改革的同时，兰州真空还积极寻找战略投资者，与兰州真空有战略合作的央企中国航天科技集团公司（以下简称"航天科技"）成为重要目标，神舟七号载人飞船具体科研单位就是航天科技所属中国空间技术研究院和上海航天技术研究院。

2013 年 6 月 17 日，兰州市国资委批示，初步同意了重组方案。2014 年 6 月 27 日，兰州市国资委与中国航天科技集团五院 510 研究所正式签订了兰州真空"增资扩股"资产重组协议，兰州真空通过资产重组方式正式加入中国航天队伍，成为中国航天兰州真空设备有限责任公司，为下一步发展奠定了资金和资源基础。

出城入园

2014 年以来，国内经济仍处于低速运行状态，真空行业景气度持续回落，市场需求继续萎缩，真空设备产品和下游行业市场需求下滑。然而，兰州真空各项生产经营工作却取得了良好的成绩，2014 年度和 2015 年度主营业务收入增长率分别达到 25% 以上和 15% 以上，而同期年利润增长率分别达到 58% 和 122% 以上，2016 年和 2017 年继续平稳增长。

然而，要完成"成为国内真空设备行业的排头兵"奋斗目标，或者说要实现 1966 年的"形成全国最大的真空行业生产基地"的夙愿，生产空间却成了一大困扰。兰州是一个多山城市，土地资源稀缺，兰州真空厂厂区面积只有 80 亩，生产厂区有限是兰州真空原来发展不快的一个重要原因。

为了打破"生产空间"瓶颈，资产重组结束后，兰州真空就启动了"出城入园"工程。几经反复，最终选址在兰州高新区东部科技新城榆中园区。2015 年年初，兰州真空启动了"兰州航天高新产业基地真空装备产业园"建设项目，解决兰州真空现有生产空间不足、工艺布局不合理的状况，提升兰州真空在行业中的优势地位，实现产业升级。兰州真空将把真空装备产业园打造成现代化的真空装备产业基地，实现高端真空装备的"中国制造"。

真空装备产业园计划用地 200 亩，总投资 5.2 亿元，建设"真空获得""真空镀膜""真空炉""低温压力容器""大型真空环境模拟设备"五条生产线，目前已通过了政府备案，取得了土地预审意见书，甘肃省发展改革委对项目建设提供了 8600 万元的专项建设基金，真空装备产业园项目建设完成后，兰州真空将达到年产各类真空设备 1400 台（套）的生产能力，可实现年销售收入 15 亿元，利润 1.3 亿元以上。

与此同时，兰州真空与航天科技的资源整合也在紧锣密鼓地进行。兰州真空和航天科技所属兰州空间技术物理研究所（又称 510 研究所）的华宇公司优势资源整合，2017 年 1 月下旬，兰州真空华宇分公司成立。华宇分公司原是中国航天科技集团公司五院 510 研究所的全资子公司，是一家以真空和低温应用设备为主的专业化公司，主要从事真空、低温制冷、太阳能、镀膜、机械、聚氨酯发泡材料等产品的研发、生产、销售和技术服务，已经为我国各类卫星、火箭、宇宙飞船的地面模拟试验提供了 50 余套空间设备和热真空设备，完成的环境模拟设备遍布于各航天单位，经过多年的技术和人才积累，在真空环模设备设计制造专业具有优势，设计制造的设备都代表了当时的先进水平。华宇公司还开发了多种新型热真空试验设备，包括适用宽温度范围的硅油循环流程和气氮 / 液氮流程设备，现已形成系列产品。新型结构的空间环境模拟设备符合航天相关试验标准规范要求，并具有控温精度高、温度均匀度好、操作方便、可靠性高的特点。

根据兰州真空大股东 510 研究所"民用产业'十三五'规划"，兰州真空和华宇分公司深度融合，最大限度优化资源配置，发挥各自科研和生产潜能，突出环境模拟业务发展的中长期目标，同时也使 510 研究所资产得到更好运营，获得更为广阔的发展空间。

行业旗舰

"真空行业是一个朝阳产业"，兰州真空董事长梁新伟告诉记者，"增资扩股已经给兰州真空创造了一个很好的生态环境，兰州真空正在改进完善治理结构，争取在法律政策允许的情况下对员工进行股权激励，为未来发展奠定人才基础。"

真空设备是众多行业、产品制造所必需的工艺流程的关键装备，然而，真空设备行业本身又属于技术密集型行业，根据行业有关资料显示，国内真空设备生产厂商约有 600 家，产业集中度不高，真空设备行业还没有真正领军企业。兰州真空总工程师马强列举了真空设备应用的主要行业方向，主要包括电子信息、新能源、新材料、航天、航空、机械、冶金、化工、汽车、包装、装饰装潢、电工、光学、轻工、天文、食品等行业，真空设备是这些行业的高科技装备。

真空设备装备的生产线生产的最终产品与人民大众的生活密切相关，如第二代身份证就是一个例子。第二代身份证正面有一个长城标志的镭射防伪膜，就是由兰州真空提供的设备配置在成套生产设备最终制造出来的。"上海的身份证制造提供商先找到兰州真空，我们为他们的生产线提供了真空镀膜设备。"兰州真空副总工程师李世珍还介绍了其他应用，"如方便面的包装袋就是真空镀膜的，还有一些坚果类的包装袋，这方面兰州真空就提供过 100 多台(套)真空设备。现代汽车玻璃几乎都经过真空镀膜，真空镀膜可以使其变成安全玻璃，可以防紫外线，兰州真空也提供过这类设备。"

另外，真空镀膜还可以用在钢材、塑料制品、火箭、导弹、飞机等物体表面，使其达到预定的功能。兰州真空在这些方面就有突破性贡献，兰州真空自主研发的"大型复杂曲面制件磁控溅射镀膜机"设备就是一个典型例子，该设备应用真空技术、机器人技术、镀膜技术、热传导技术、机械传动技术、压力容器技术以及测控技术等多学科前沿技术，能在大型真空室内，由七轴联动机器人的"手臂"紧握磁控溅射靶精确地执行着计算机指令，在复杂透明曲面工件上进行均匀镀膜。这类复杂透明曲面可以用在战斗机驾驶舱玻璃上盖，为飞行员保驾护航。

兰州真空在低温压力容器真空专用设备方面也具有优势：兰州真空长期承担我国军工、航天、航海、科研重要项目的研发制造，是目前拥有高真空多层超级绝热、真空粉末充填两种不同绝热方式生产产品的厂家，是国内唯一拥有大容器高真空多层绝热技术与产品的企业。近年来还成功完成了我国搭载飞船高压液氢容器、新一代特种燃料低温液氧容器、印度气体公司大型低温容器等重大项目。

兰州真空还具有重载汽车液化天然气容器夹层抽空专用成套装置的研发生产能力，也同步进行车载液化天然气容器的预研和技术储备，为国内天然气汽车未来发展做好技术储备，目前出租车上使用的天然气罐如能改用兰州真空的低温液化天然气罐，不仅体积能大大缩小，还能大大提高效率，加气频率可以从每天一次变成几天一次。

另外，兰州真空提供的设备也在癌症治疗中发挥作用。2009年起，在兰州重离子加速器冷却储存环上建成的国内第一台深层治癌装置，目前已进行了213例肿瘤患者的前期临床治疗试验，取得了很好的临床疗效，这是我国具有完全自主知识产权的医用重离子加速器装置，目前已有 2 台示范装置分别建在兰州市和武威市，而重离子加速器装置的真空管道，就由兰州真空提供。

兰州真空还逐步延伸产业链，开拓真空衍生产品市场，重点针对太阳能吸热膜、汽车零部件硬质涂层、精密光学薄膜和真空保鲜装置等产品。梁新伟告诉记者："兰州真空的目标是成为行业排头兵，行业旗舰企业。"将通过资本运作或战略合作，进一步整合外部有效资源，全面进军真空设备市场，产融结合，将兰州真空打造成投融资平台，带动相关业务快速发展，尽快实现兰州真空的目标。

厚德

第十八篇
无锡厚德：小产品大作为

秦 伟

    无锡市厚德自动化仪表有限公司（以下简称"无锡厚德"）是一家新兴企业，公司地处无锡市江阴顾山经济开发区。顾山，其山形似龟，龟首东顾，因名顾山。顾山镇因此山而得名，位于无锡、常熟、江阴、张家港四县（市）交界处，地属江阴，西靠江阴长江大桥，北依张家港口岸，南临沪宁高速公路，东连大上海，为苏锡常交通枢纽。

    "每个企业第一个愿望就是活下去，第二个还是活下去，对于制造业企业更是如此。"说起企业发展，无锡厚德总经理徐志强有自己的理念，"厚德的产品对通用机械来说就是一个配套设备，我们只有做精做优做强，才不会被市场抛弃，我的理念是先做精、再做优、再做强，最后才能做大！"

    正是凭借这样的理念，无锡厚德近 20 年专注于大型旋转机械装置的检测、保护设备的研发、制造，发展成为一个具有相当规模的从事汽轮机、水轮机、风机、压缩机、空压机、制氧机、水泵、离心机等大型旋转机械装置的检测、保护设备的研发、制造和销售的专业公司。开发出了一系列市场需要的高品质控制检测仪表，让无锡厚德的产品可以应用于所有大型旋转机械装置，逐步兼容并替代进口产品。

印象厚德，技术流的创业路

随着社会的发展，现代化的监测是大型公司提高效率的保证，旋转机械状态监测是保障大型机组安全高效运行、防止恶性事故的有效手段。"但在 20 世纪末，中国相关行业很薄弱，大型旋转机械装置的检测、保护设备也几乎全都依赖进口，我就思考我们能不能在这个领域有所突破，做点事。"

有了想法就要去实施，"2000 年 9 月 1 日，无锡厚德注册成立，到今年是 18 年整。"徐志强回忆道，"成立之初，公司只有三个人，

租了 200 平米的办公室，我是技术加销售，另外两人则负责生产。"白手起家，无锡厚德投身制造业。

厚德载物，语出《周易》："地势坤，君子以厚德载物。"意思是指君子的品德应如大地般厚实可以承载万物。"取名厚德，就是希望企业像君子一样能承担重大任务。"徐志强解释道。

"万事开头难，公司成立后遇到的最大困难是什么？"面对记者的提问，徐志强沉思片刻回答道，"各种难，什么都难，没有资金，没有设备，没有技术，厚德就是一家'三无'企业。""但最难的是没有技术，没有技术就只能做简单加工，感觉企业没有发展前途！"

"2001 年，公司扩大规模，从三个人发展到五个人，其中最重要的是我们招了一名西安交大计算机专业的本科生专门负责技术研发，当时他的工资比我还高，赚的钱都给他了，直到现在他仍在厂里负责研发。"回忆这段历史，徐志强诙谐地说。有了技术保障，规模扩大的效果是立竿见影的，无锡厚德当年销售额就突破百万元。

2002 年无锡厚德成立传感器事业部，专门生产和研发各种传感器，如振动传感器、压电式加速度传感器、电涡流传感器、霍尔转速传感器、磁阻式传感器、线性可变差动变压器（LVDT）系列位移传感器等。

2004 年无锡厚德成立自动化控制工程部，通过可编程逻辑控制器（Programmable Logical Controller，以下简称 PLC）实现对整个大型旋转机械的监控与保护，包括汽轮机紧急跳闸系统、高温风机控制柜系统、增湿塔控制系统、风机机旁仪表柜、汽轮机就地开机盘等。同年，无锡厚德研发出了具有自主知识产权的智能振动检测仪，投入市场后，市场非常认可，当年的销售额突破千万元。

2005 年，无锡厚德迎来一次质的突破——买了土地盖厂房。"短短的五年时间，我们有了自己的核心技术、主打产品，在行业里有了影响力，我们有了自己厂房，对外形象也更好了。"徐志强对企业发展非常自豪。

"在这个阶段，我们并没有墨守成规，去守家业。"尝到"科学技术就是第一生产力"甜头的无锡厚德，更加注重技术研发和产品开发，振动仪表、自动传感器、控制系统……无锡厚德拥有了自己的核心价值链。

在我国"从制造大国迈向制造强国"的进程中，振动和噪声问题已成为包括通用机械产品在内的重大装备研制中具有共性、亟待解决的关键核心问题之一。"同时，我们意识到通用机械产品的进步，依赖于通用机械全行业的共同进步。"徐志强认为制造强国的建设需要每一位行业从业者的共同努力，"2017 年，在中国通用机械工业协会的指导下，上海交通大学机械系统与振动国家重点实验室和无锡厚德作为第一批发起单位，成立了'中国通用机械工业协会振噪检测与故障诊断专业委员会'。"

此举目的是为通用机械全行业开展专业服务，"希冀借助行业协会和国家重点实验室的力量推动全行业的进步。"徐志强表示，希望能加强我国设备检测诊断的学术研究，推动高等学校、研究院所和企业密切合作，并提升我国的设备振噪诊断技术。

走进厚德，君子"DNA"

取名厚德，寓意深远，"名是这样取的，事也是这样做的。我们就是要做一家君子企业。"徐志强心中的"厚德"应该有自己独特的"DNA"。

走进无锡厚德的大门，首先映入眼帘的就是"质量是企业的生命，员工是企业的财富"两行醒目的大字。干净整洁的厂房，从公司总经理到员工上下一致的工作服让人有种自己是企业主人的自豪感。产品设计室拥有现代化的设计工具和高素质的设计人员，生产车间、装配车间、检验车间每个工序都有严格的操作规范，让每一个走进无锡厚德的人都可以在这里清晰地了解无锡厚德的产品种类及用途。

从无锡厚德严谨的工作作风与视产品质量为生命的意识中，我们看到企业快速成长的动因。"制度的建设比命令更容易让人接受，大家都按制度办事，这样就形成了一种习惯，一种工作行为，公司就不会被一些小事所累，这样我们可以潜心研究企业的产品如何适应市场的需要，如何适合客户的要求，不断开发新产品，使企业做大，使员工腰包鼓起来。"徐志强解释。

"我们制造业企业制造一个产品，像孕育一个生命一样，是慢慢培育的，不是一步到位的，我们每一个产品都是慢慢培育的。"谈起如何"做产品"，徐志强心中有自己的标准，"首要的一点是做好每一个产品，这个产品做好，不单单是品质做好，还把这个产品线做开，把每一个细节都做精了，做到极致，做到最高端，并在这个行业里面生根，可能几十年都做这个行业。"

为了保证产品的质量，无锡厚德产品的很多原件都是采用进口的高质量产品，同时有些部件更是采用军工的部件。在整个产品的生产流程中有严格的操作规范，每一个工序都严格把关，公司制定了原材料进口检验制度、产品焊接检验制度、成品出厂检验制度，将每件产品的不合格率消灭在公司内部，保障了客户的利益。

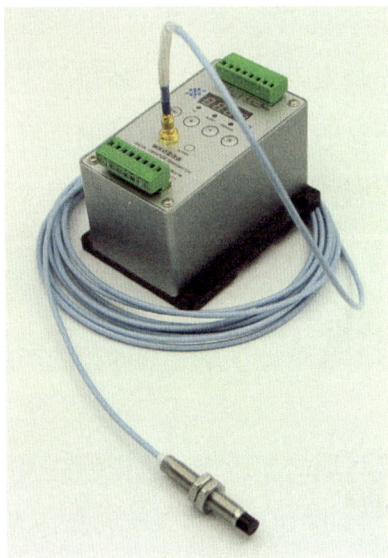

传感器及仪表　　　　　　　　　　汽轮机紧急跳闸系统

为了更好地出成品、出高质量让客户放心的产品，公司重资购买了产品检验的精密仪器，如进口高低温检验箱、精密信号发生器、振动标定器、示波器、耐压测试表、静态位移校准仪等检验设备，为产品高质量出厂提供了保障。

"精细小产品成就大市场，作为大型旋转设备的监控与保护装置，无锡厚德自动化仪表有限公司的产品在机械行业确实算不上什么大设备，但小产品却在这里发挥着大作用。"徐志强对无锡厚德的产品也有自己的认识，"这个小产品是所有的机械设备当中最核心的部分，无论是风机、压缩机、水泵，没有振动仪表检测是不能开车的。"

"我们厚德人视产品质量如企业的生命，每一位员工对产品质量都有高度的责任心，公司有这样的凝聚力源于公司对每一位员工的高度信任与尊重。"徐志强介绍。

凭借对产品品质的极致追求，"厚德"品牌也获得市场上的一致认可。无锡厚德的产品被上海汽轮机厂、南京汽轮机集团、沈阳鼓风机集团有限公司、重庆通用工业集团公司、武汉鼓风机有限公司、成都电力机械厂、开封空分集团有限公司、湘潭电机股份有限公司等多家企业指定为专业供货商，同时部分产品配套出口国外，这些成绩的取得是他们不懈努力的结果，也是他们重信誉的结果。

在 2006 年第三届流体机械展上，"厚德"品牌被风机行业列为"风机行业配套产品推荐品牌"，公司多个产品被评为"金奖"产品。

2008 年，作为主要起草单位，无锡厚德参与了工业和信息化部《离心机、分离机用振动监视控制仪和电子振动保护开关行业标准》的制定。该标准于 2010 年颁布实施。

感受厚德，绿色制造美丽中国

城镇化与工业化的迅速推进，使得城市人口激增，由此导致的垃圾围城问题越发严峻。近年来，垃圾焚烧发电被称为最有效的垃圾处理手段而备受推崇。

相较于传统的转移和填埋技术，垃圾焚烧发电可以大幅度降低城市垃圾的体积，减少其土壤占地，在避免填埋等处理方式对水和土壤二次污染的同时，可以获取源源不断的电力资源，从某种程度上缓解土地面积紧张以及能源短缺的矛盾。一言以蔽之，减量化、无害化、资源化等让垃圾焚烧发电脱颖而出，成为我国当前乃至世界垃圾处理的主要手段之一。

近年来，在国家大力倡导下，以垃圾焚烧发电行业为首的清洁能源行业迎来一轮又一轮的蓬勃发展。中国垃圾焚烧发电进入快速发展轨道，垃圾焚烧发电装机规模、发电量均居世界第一。

"一般来说，大型电厂的主机控制系统是无法采用 PLC 来控制的，只有一些辅机系统才能够使用 PLC。"徐志强表示，"但是，随着现场总线技术及微处理器性能的突飞猛进，高档 PLC 集散控制系统已经成功应用在中型及较复杂的控制领域中，垃圾焚烧发电厂就可以使用高档 PLC 控制系统，这样可以大大降低控制系统的成本。"

随着城市生活垃圾的越来越多，原有的垃圾焚烧电厂生活垃圾处理规模已不能满足垃圾产生的需求。"未来，更多的垃圾焚烧电厂会进行改扩建工程，会带来 PLC、DCS、仪表类自动化产品的需求。"徐志强展望。

"垃圾焚烧发电并不是一条坦途，但只有补齐短板，才能让这种处理方式发挥最大效能，也才能让越来越多的垃圾找到最后的归宿。"徐志强说，"用绿色制造建设美丽中国，这是每一个装备制造业从业人员的最大梦想！"

第十九篇

赛德力：力大为王

秦 伟

"'赛'指的是公司要勇于面对市场竞争，'德'是指公司应当有诚信、有企业道德，'力'指的是企业的综合竞争力。'赛德力'体现了公司的整体企业文化。"谈及江苏赛德力制药机械制造有限公司（以下简称"赛德力"），董事长顾根生如此描述。

作为国内离心机生产领域的技术型代表，自20世纪70年代初，赛德力贯彻"科技兴企"的发展战略，专注于中国制药机械30多年。今天的赛德力，已成为国内最大的分离机械生产基地之一，据国家制药装备行业协会统计资料显示，公司的销售收入、市场占有率、利税额均居全国同行首位，其产品可完美替代同类型进口产品，填补了国内技术领域空白，并荣获多项国家专利。产品远销至德国、西班牙、巴西、阿根廷、俄罗斯、拉脱维亚、印尼、越南、泰国、马来西亚、韩国、印度等世界各地。

"'做企业'每天都有困难，每天都遇到困境，每一个发展阶段都是对自己的考验。市场、技术、人才，各方面都会面临很大的困难。"面对记者关于"隐形冠军"成长的提问，顾根生很"淡然"，"但真正去'做企业'，每天又充满了希望，因为每天都需要去关注你的客户、你的产品、你的员工，企业每一次重大的决策，都要有很多风险。企业家需要冒险精神，在风险中把握机遇。"

专注＋创新，永远领先一步

"要实现制造强国建设，关键是需要有自己的核心技术，拥有核心关键是要有自己的核心研发能力。"对于制造强国建设，顾根生有着自己的见解，"具体到一家企业，如果一个产品很多年不变化，那这个产品迟早是会被淘汰的。企业需要专注于核心技术的研发。"

企业的核心竞争力体现在产品的技术含量和品质上，生产好产

江苏赛德力制药机械制造
有限公司工业园
Jiangsu Saideli Pharmaceutical
Machinery Co.,Ltd
Industrial Park

品我们靠的是自主创新。顾根生进一步解释，"根据客户的需求，根据市场的需求，根据技术发展的特点来寻找新的开发路径。研发不仅仅是服务于客户，还要引导于客户，真正地为客户去体现他最大的价值。"

"曾经发生过两件令我们深有感悟的事，坚定了我们确立不断创新的理念。"说起创新，顾根生回忆，"一次是当我告知美国同行我们每年产量达1000套时，他们表示质疑。因为他们企业的规模比我们还大，但一年只生产100多套。不过一谈到销售额，我们2000万元人民币的收入显然无法同美国同行2亿美元的收入相比。分析原因，主要因为人家生产的是高新技术产品，而我们多是'大路货'。另外一件事是在药品生产企业调研走访时，不少厂家找我们诉苦，说由于缺乏专用设备，他们只能生产原料药，国内企业花费诸多人力，耗用许多能源，甚至还付出环境污染代价，生产出的东西只能盈利微薄，不得不让人痛心疾首。作为设备制造企业，我们决定要走自主创新之路，为用户排忧解难，振兴民族工业。"

"这里有个小故事。"顾根生娓娓道来，"有一年夏天，我带队走访重点用户。在外省一家制药公司，与公司董事长临别时，对方说：'中国的离心机械要做大做强，唯有生产出自己的产品取代进口，这关系到中国制药行业的兴衰！'"

"以国代进"，这个愿望萦绕在了顾根生的心头。

回到公司，顾根生在公司领导层会议上转述了那位董事长的话，一场国产替代进口的硬仗打响了。

巧合的是，陕西汉中制药厂正急于购买一台进口离心机，顾根生立即前往陕西。与对方反复洽谈论证，对方最后同意由赛德力试生产。经过无数次的试验，不分日夜的攻关，替代进口的产品终于运到了汉中。交付使用表明，各项性能与国外同类产品相同，个别参数还有优越之势，国内产品每台价格 50 多万元，与国外同类产品 300 多万元相比，大大节约了成本。

这一国产化的突破，在中国制药机械制造业刮起了"红色风暴"，也让赛德力叫响了品牌。

回顾历史，赛德力也曾有过困境，但在顾根生看来，市场再疲软，总有企业挺得住。"因为市场总需要好产品。技术发展日新月异，产品周期越来越短，企业只有不断地推出新品，才能在竞争中稳住阵脚。如果产品总是大路货、低水平、低附加值，那结果当然是疲软。"

他介绍，赛德力对此采取了三条措施：

一是选准突破口。行业的难点就是行业的需求点，也是创新点。据了解，随着我国化工、制药行业的快速发展，对制药机械制造企业提出了新要求，赛德力选择难点，逐一攻坚。如化工、药品原料分离过程中残存的物料清除，用人工清除，费时费力，影响效率，还可能增加交叉污染、降低物料品位，甚至影响到一线操作工人的健康和一线操作环境的保护，这被称为世界性难题。公司的攻关小组历经上百次的实验，将拉袋式离心机与刮刀离心机相结合，成功研发出拉袋刮刀式离心机，较好地解决了上述的问题，实现了重大突破。这种机械取得了国家专利，国际上也未见相关研发成果报道。

二是与国内知名高校、研究院所结盟。我国高校、研究院所人才济济，科研成果不少，但很少能应用于工业化生产。赛德力主动到相关高校、科研院所走访、洽谈，寻求合作机会。高校出技术、出人才，赛德力提供资金、设备、实验室，优势互补，实现双赢。

GKC 系列全自动卧式刮刀离心机

如今，赛德力公司与上海交通大学、中国科学技术大学、扬州大学的相关材料科学和工程学院，中国通用机械研究所结盟，共同进行开发研制，大大加快了科技创新的步伐。

三是与国际著名制药机械公司合作，尽快提升自身水平。瑞士福莱姆公司、德国菲马公司是世界上制药机械领先企业，赛德力与它们开展多方位合作。通过与德国菲马公司的密切交流，取得了对方的信任，该公司授权赛德力与其共同生产其开发的处于世界领先地位的集分离、干燥、灭菌、高效程序控制于一体的一种离心机，使公司的制造水平上升了一个新台阶。

此外，赛德力每年会拿出利润的 4%—5% 专门用于新品的研发。顾根生表示："人人都在向前走，如果我们一直没有新的东西，那么我们就晚了一步，人家就比我们多了亮点。""我们深刻认识到，坚持自主创新，通过不断强化创新意识，努力实现技术、产品创新，加强品牌管理，才使公司步入良性循环，走上稳定快速发展之路。"回顾打拼历程，对于创新的重要性，顾根生的描述不言而喻。

"企业间的竞争，与竞技体育一样，你跑我也跑，但我快 0.01 秒，这就是成功。"顾根生总结，"引领不是说一定要比其他企业领先多少，我始终比你跑快一步，我就会获得更多的市场青睐。但今天是最好的不代表以后都是最好的，所以我们应该不断地去超越。今天的我不应该是昨天的我，自己一定要敢于创新，敢于前进。我们要 365 天始终持续不断地研发。"

品质 + 诚信，客户就是上帝

从化工制药机械行业的一个不起眼的小厂，成长为在行业有一定知名度和影响力的企业，还有一个重要原因，就是赛德力非常注重自己的信誉和品牌，从生产、销售、管理等各个环节塑造企业和谐的形象。顾根生认为，"创新是企业发展的脉搏，而诚信就是企业生存之本。"

"我们追求完美的品质。产品质量是企业的根本，确保产品出厂都能稳定运转，保证较高的完好率水准，不允许存在微小的瑕疵，是满足客户需求的基本保证。"顾根生说，"我们信奉客户是上帝的理念。在服务方面想客户所想，急客户所急，帮客户所需。对一些别的企业不愿意干的事也能当成分内任务，如对国外产品的改进、对老设备的技术更新，只要客户提出要求，我们就进行服务，朝着客户满意的方向努力。"

"企业对客户讲诚信，就能换回客户对企业的忠诚。诚信是企业和客户之间架起的一座金桥。"顾根生一直这样说，赛德力也是一直这样做着。

2007 年 11 月 27 日，赛德力收到一笔来自泰国一家公司的 70 万美元的外汇。可该公司近两年未跟泰国公司有业务往来，怎么会凭空有 70 万美元到账？顾根生发现后立即通知银行，将这笔外汇暂存，待公司查明事由后再处置。

自己崇尚诚信，对国外公司更不能含糊，于是，顾根生立即派人与曾和公司有业务往来的 3 家泰国公司联系。第一天，对方未给明确回复。第二天还是未果。这时银行已经提醒及时结汇。考虑到如果银行结汇再退款，对方会有利率损失，顾根生便将这 70 万美元退回了发款处。第三天，泰国公司查明，是公司会计将汇往北京某企业的款错汇给了赛德力。为此，泰国公司的董事长亲自发来邮件："向贵公司表示衷心感谢。如有机会，请来泰国……"

赛德力公司退款之举，在业界不胫而走，成为诚信经营的美谈。

当年 11 月上旬，德国一家客商订了赛德力一批设备。由于经办人员对设备不是很懂行，签约时对技术参数没有过多考虑。当设备加工得差不多了，对方验货时才发现出了问题。对方提出要返工，以提高设备的参数档次，这需要增加成本 1 万多美元。德国客商经过考虑，同意加价。

德国公司同意加价，但这事却引起顾根生的反思：签约时对方确实没有提出具体技术参数要求，但自己作为设备生产商，也没有主动提醒对方要考虑实际应用对设备参数的要求，自己也存有疏忽，也应承担责任。这个价不能全加到客户身上，自己也有责任，增加的成本应自己消化。

德国客商被赛德力公司的诚意所感动，坚持自己支付这 1 万多美元。双方几经商讨，最终赛德力还是坚持由自己来为这个教训"买单"。德国客商表示，以后会一如既往地选用赛德力公司的产品。

"在市场疲软的情况下，对企业信誉提出更高的要求。"顾根生认为，上游原料涨价，下游客户要求产品降价，中间生产环节利润很薄，怎么做到既满足客户需求，又能保证产品品质，树立企业良好的信誉呢？顾根生说，赛德力努力做到四点：

一是确立合理的价格，使价格能体现设备的价值。在产品畅销时，不靠提价多赚钱，在滞销时不降低标准，以次充好。总之，不能让客户吃亏。

二是努力降低成本。公司将设备制作成本细化、量化，责任到人，通过增产节约、上下工序密切配合、激励职工多作贡献等来降低成本。

三是恪守客户是上帝的理念。对客户努力做到尽善尽美。有一次，一家客户装置提前投产，要求设备提前交付，赛德力公司的全体职工连续加班一个多月，确保按时供应。

四是追求完美的质量。产品质量是企业的生命，必须确保设备出厂都能稳定运行，完好率达到较高的水准。

顾根生说："公司把信誉摆在首位，赢得客户信任，行业知名度越来越高。许多选用分离设备的企业在发标时都邀请我们投标，买过我们产品的用户，几乎都会成为回头客。"

互动 + 共赢，引领产业进步

回想制药行业的发展历程，顾根生可谓见证了整个制药装备行业的发展，回忆起制药行业的发展历程，顾根生感触十分深刻。1970年赛德力就已经在做制药装备了。当问及当初为何选择制药行业，顾根生打开了话匣子，说起他进入赛德力，接触制药装备的往事。"我本来的专业就是机械。制药对人类的健康贡献很大，但是制药要做好离不开装备，在'赛德力'我有一种想要'做事业'的感觉。"他认为，每个人，每个企业都各有所专，诚心诚意地做好一份事业，能促进一个产业的进步是十分有成就感的。

对于制药工业的发展，顾根生也有自己的见解。他认为，企业该如何适应制药行业的发展，如何为制药企业提供增值服务，这是一个上游的制药装备企业应该认真思考的问题。在他看来，未来制药行业和制药装备行业是一个共同体，制药行业在国际市场想处于领先地位，与装备是分不开的，而制药装备企业应该更多地考虑自己能为这个行业带来些什么。

"制药行业应该在双方的互动和共赢中共同前进。"用顾根生的话来说就是"提升自己，用每个人的自我提升来保证行业的提升"。

随着制药装备行业的发展，制药装备企业国际化趋势已经越来越明显，现在已经有很多国内制药装备企业在国外参展，越来越多的国内制药装备企业已经具备了与国际企业同台竞技的资本，这是国内制药装备行业的一个进步。制药装备行业由于其自身发展的限制，很多制药装备企业过去一直是模仿和消化、吸收，而现在已经更多地加入了自己的元素，创新能力得到了大大的提高。

"作为一个企业领导者，需要有全球化的视野。"顾根生认为如果国内企业的领导者一直把眼光放在低档次，一旦国际制药装备企业进驻中国市场，国内制药装备企业拿什么去跟人家竞争？"软实力和硬实力都要有，还有我们制药行业内人士的思想理念也要跟得上，需要一起去接受新的理念。"

对于为什么欧洲的制药装备能做得比国内出色这一点，顾根生也阐述了自己的看法，他认为，不光是制药装备企业自身的发展好，更多的是在于欧洲的制药行业对制药装备的要求很高，他们结合在一起就是一个互动的整体，利于行业的发展。

"目前制药装备行业、制药行业中都有许多规范，但有部分企业对这些规范的思考与执行的能力不足，没有很好地想透、想好这些规范，就不可能很好地执行，这样必将会产生问题。"对于整个行业的发展与进步，顾根生也有自己的看法，"未来国内离心机行业的发展，需要有更多提供优质离心机设备的企业出现，这样才能让中国的离心机设备走出国门，把民族品牌展现给世界。"

高端＋智能，走出去的底气

2008 年，席卷全球的金融危机爆发，赛德力的出口受到冲击。在将前年的订单生产完后，公司开始出现订单不足，生产过剩。"我必须赶紧让企业走出困境！"此时的顾根生感到前所未有的压力，他整夜辗转反侧，无法入睡。

当时，赛德力公司近三分之一的产品销往欧洲市场。顾根生说："我们认识到欧洲的债务危机也不是短时间就能消除的，而新兴市场受到的影响不是很突出。于是，我们迅速调整思路，专题研究市场拓展。"

"离心机作为制药环节中最重要的一个部分，客户看中的就是工艺品质，赛德力要抓住高端市场，以求占领市场。"在和技术骨干商量后，顾根生决定迅速进行产品调整，生产国内首批 1.8 米超大口径离心机，同时加大开发自动化程度高的产品，加快产品的升级换代，以引导市场消费。

同时，顾根生积极与日本市场联络，引进大型数控切割机，总投资 2000 万元。"这台机器的自动化性能很高，基本不需要人工操作，同时还能减少 30% 的废料产生，节省人力成本的同时也能提高产能。做这个投资，值得！"顾根生拿着他手中的计划书，淡然说道。

"以前为了避免废料产生给企业带来的损失，我们一般都直接委托无锡的材料供应商帮忙加工，但加工时间不受我们控制，交货时间压力很大。"顾根生说，引进这 3 台机器后，不仅能有效解决这些问题，将来还能为本地企业提供来料加工，增加收益。

借着金融危机对国外企业的冲击，顾根生把德国海因克尔公司的 2 名技术人才给"挖"了过来，他们定期到赛德力来，对产品的工艺和技术进行指导，同时公司也经常派员工到德国公司培训，交流学习。

一年下来，赛德力转危为安，订单较上一年多出 20%，销售离心机 1700 余台（套）。

2009 年 4 月，赛德力再出新招，和瑞士福莱姆公司合资，引进一流公司的先进技术，共同开发符合欧洲高标准的离心机，专门对外出口。

今天的赛德力，已经让自己的产品成为国外公司的"进口产品"。

随着国家制造战略的深入，"智能制造""信息化"已成为中国制造的核心话题，"高端设备制造业的重点发展方向是信息化与工业化的深度融合，大力培育和发展智能制造装备产业对于加快制造业转型升级，提升生产效率、技术水平和产品质量，降低能源资源消耗，实现制造过程的智能化和绿色化发展有重要意义。"顾根生对此也深有体会。

国内制药企业在经历《药品生产质量管理规范》（Good Manufacture Practice of Medical Products，简称 GMP）的实施过程后，开始设法解决在离心机使用过程中"以人为本"的问题。过分依赖人工操作，将极大地阻碍制药企业自动化及信息化的进程，成为产能释放的瓶颈，足见离心设备在整个制药生产过程中的重要程度。

"未来离心机行业将向着更高的自动化控制方向改进，高自动化的离心机设备不仅能够降低人员对药品的污染，同时也能提升制药企业的生产效率，使药品分离元素与产能都能得到有效提高。"顾根生说，"同时，优秀的自动控制设备对于设备密闭性的高要求，也能够间接推动离心机设备走向更加节能环保的发展道路。"

"现在赛德力致力于两个智能化，一个是我们工厂如何实现制造的智能化，第二个就是如何服务于客户，使我们的产品真正能够达到智能化。"顾根生进一步说明，"第一个智能化是工厂如何打造最先进的工艺流程，如何使产品质量、产品稳定性得到很好的改观。第二个智能化是产品的智能化，国内很多制药企业最终的产品卖价、质量都不如国外，实际上是由于我们的制药装备没有达到国外一流水平，无法去实现制药企业的最终产品去占领市场所需要的高附加值，因为所有的技术和工业路线要靠设备来保证。"

当问到赛德力是不是会一直奋发致力于制药行业的时候，顾根生也十分明确地告诉记者："我们既然进了制药行业就准备做到最好，因为接触和了解一个行业不容易。"

力大为王，不仅是自然界法则，也是市场经济的法则。顾根生掷地有声地说，赛德力将时刻不忘增强自己的综合实力，有实力才有地位，才有话语权，才能多作贡献！

第二十篇
固耐重工："心脏设备"生长记

焦建全

　　家用冰箱、空调制冷系统的"心脏"压缩机都是些"小家伙"，一般体积不超过普通鞋盒，而用于化肥等工业生产用的压缩机有一些"大家伙"，有三层楼高、占地 100 平方米，重量有 500 多吨。

　　这些"大家伙"被称为大型压缩机，是一种把低压工艺气体提升为高压工艺气体的机械装置，是化工、能源，尤其是化肥生产工艺流程和装置中的"心脏设备"，它的运行效率与可靠性直接影响到化工、能源等生产，因此，大型压缩机的重要性不言而喻。

　　这些"大家伙"的主机上的大曲轴就有 10 来米长，然而其中核心尺寸的偏差不超过 0.02 毫米，比一根头发丝还要细。同时，能保持 8000 小时不间断运行。温州固耐化机制造有限公司（以下简称"固耐公司"或"固耐重工"）董事长冯学仙带领笔者参观车间时说。

　　"当初开始做压缩机配件时，没想到做这么大。"固耐公司从最初的一个小作坊，一步步做成国内少数能够生产大型压缩机的企业

之一，冯学仙也从最初的学徒工，一步步成为大型压缩机制造企业
生产和技术的最高管理者。

破釜沉舟：从办厂到做整机，勇气是最重要的

1984 年 5 月，温州被中共中央和国务院宣布为十四个沿海开
放城市之一，这是在 1980 年宣布深圳等四个经济特区后的又一大
改革开放措施，这个措施使温州一些青年人激动不已，决心要干些
什么，冯学仙是他们中的一位。

那一年，刚刚虚岁 20 的冯学仙决心破釜沉舟：创办一个化工
机械配件厂。此前，冯学仙在温州一家化工机械厂做学徒工，虽然
年龄不大，但是他发现了一个商机：当时机械厂为全国的化肥企业
生产压缩机零件，而且是供不应求，利润也可观，于是，他找了几
个伙伴商量，决心自己干。

钱从哪里来？他把能借到的钱都借了，背上了巨额的债务，终

于凑够了办厂的资金，这也意味着，如果办厂失败，将会跌入欠债的深渊。

冯学仙和几个伙伴一起，购置了生产设备，在一间小作坊开始干了起来，对每一个零部件都细心打磨，经过一年多的辛勤苦干，他们收入了几万块，这在当时是个了不起的成就。当时，一个大学毕业生的月工资收入才四五十块钱，冯学仙也一下成为"万元户"。万元户这个词是在20世纪80年代初产生的，那时工人工资一般是每个月28元左右。

冯学仙从每月挣不到30元的学徒工一下子成为"万元户"，但是，他没有将挣到的钱用于高消费，而是对配件厂继续投入，精益求精，经过10多年的发展，配件厂从最初的小配件、到后来的大型配件，几乎全能生产，小作坊也从最初十几个人，慢慢发展到上百号人的规模。

20世纪90年代中期，固耐公司一家客户进口的压缩机零件损坏，由于进口需要很长的时间，如果等待国外配件将会产生很大的损失，客户要求固耐公司提供国产化的配件，固耐公司就组织技术攻关小组，最终给客户解决了难题，而且这个零件的使用周期比原厂配件还长。最后客户问他们有没有压缩机整机。

一个挑战摆在固耐人面前：要不要上压缩机整机项目？当时情形是，如果上马整机项目，原先购买他们零部件的厂家还会不会继续购买他们的零部件？面对新的挑战，他们会不会失败？

冯学仙他们考虑到中国经济，尤其是中国农业的广阔前景，最终决心上马整机项目。从做零部件到做整机，是一个曲折的过程，第一台压缩机整机终于研发出来，看来，固耐可以大展宏图了。

然而，亚洲金融危机来临，很多压缩机用户受到危机影响，一时间对压缩机的需求骤减，刚刚能生产压缩机整机的固耐面临极其困难的境地。刚刚投产的生产线随即面临产能不足，刚刚投入的资金回收面临严重困难，刚刚招收的人才面临流失的危险。

但是，冯学仙他们并没有被困难吓倒，坚持自己当初的判断，并积极为未来扩大产能筹划。

随着亚洲金融危机结束，压缩机等需求开始旺盛起来。1999年春天，冯学仙在温州经济开发区重新注册成立了温州固耐化机制造有限公司，随着客户需求的不断提高，他们研制的压缩机的吨位也在不断提高，由于服务和价格优势，固耐公司开始了快速发展的道路。

2002年年底，固耐公司已经获得很大发展，具有能和国内一流压缩机厂家合作的基础，但是突发事件的发生，使固耐公司走上了独自发展的道路。

背水一战：压力转化为动力

2003年是固耐公司历史发展上至关重要的一年。这年年初，固耐公司信心满满，因为他们已与当时国内领先的沈阳气体压缩机有限公司（以下简称"沈气压缩"）达成了初步合作协议，联合生产大型压缩机，这也是固耐公司早想进入的市场，当时小吨位压缩机的市场竞争已经十分惨烈。

然而，整整一个春季，被称为"非典型肺炎"的传染病搅乱了一切，并波及了小半个中国，一切活动几乎中止，固耐公司与沈气压缩的协议也因此暂时搁置。等到"非典"结束，沈气压缩也终止了与固耐公司的协议。固耐公司与冯学仙生产制造大型压缩机的梦想眼看就要夭折。

他们决心背水一战，自己生产大型压缩机。他们赌上固耐公司多年的收入，全公司动员，把公司的人、财、物全部致力于当时几乎是国内最大型压缩机的研制上。经过几乎一年夜以继日的努力，固耐公司终于在 2004 年 6 月研发出 50 吨活塞力大型压缩机，该设备彻底解决了当时国内不能自主研发、生产大型压缩机的技术和管理瓶颈，也为制造超大型压缩机的发展提供了技术、管理全面创新解决方案。

不仅如此，固耐公司的大型压缩机价格优势也比较明显。国际同类产品需要 1000 多万元，中外合资的需要 800 万到 900 万元，而固耐公司研制的只需 500 多万元，而且各项指标也达到同类先进水平。

在河南一家大型化工厂的招标中，固耐公司的第一台大型压缩机与国际企业、中外合资企业同台竞技，最终中标，投入使用后运转良好，各项指标不仅达到同类水平，而且相比之下，还有很多指标超出了同类产品水平。

直至 2018 年，固耐公司生产的第一台大型压缩机依然在河南化工厂运转良好，固耐公司也赢得了良好的口碑，跻身于国内大型压缩机研发制造领先行列，接到了很多订单，生产的大型压缩机也先后跨过了一个个台阶，分别生产出 6M50、6M80 以及 8M125 等超大型压缩机。

2015 年 10 月，固耐公司生产出了国内最大的大型压缩机。这就是 8M125 大型往复式压缩机。它是一个庞然大物，比三层楼还高，占地 100 平方米左右，重达 500 多吨，也是当时国内工业领域使用的最大的超大型合成气压缩机。8M125 压缩机能以每分钟 480

立方米的输送速度把氮氢合成气压缩到 320 个大气压的压强，然后输送给工业生产线。同时，还能不间断运行 8000 小时，振动烈度更小，噪声更低，压缩一吨氨气的耗电量比同类产品下降 60—100 千瓦时。"8M125 是个庞然大物，在细节和精度上却一点也不能马虎，机身的曲轴孔对孔的偏差（同轴度）不超过 0.02 毫米，比头发丝还要细。"8M125 型机的核心部件大曲轴就长 10 米，重 10 吨，毛坯是固耐公司委托一家军工锻件厂采用合金钢锻造而成。精加工全部由固耐公司自己加工生产。目前，该公司生产的 6M50、8M100、8M125 等大型往复式工艺气体压缩机拥有国内领先的市场占有率。

加强优势：固耐是行业内唯一全产业链厂家

从易损的压缩机配件开始做起，到 2004 年年底，固耐公司已经从一个十来人的小作坊发展到占地 8 亩、年产值达亿元的公司。

然而，随着大型压缩机订单大量增多，温州厂区空间已捉襟见肘，产能不足的问题很快又摆在冯学仙面前。要让固耐公司获得快速发展，扩大厂区势在必行，然而，由于温州地处山区，土地资源稀少，固耐公司多次申请企业用地都没有结果。

就在固耐公司为新建场地发愁之际，来自江苏苏州太仓市的招商引起了他的注意。太仓是距离上海最近的城市之一，与上海长期以来形成了地域相近、人缘相亲、经济相融、语言文化相通的"同城效应"，被称为"上海的后花园"，交通便利。

2005 年年初，固耐公司与意大利合资在苏州太仓经济开发区成立了固耐重工（苏州）有限公司，注册资金 1600 万美元，主要

生产、加工、设计、安装成套气体压缩机，以及设计和制造数控机床和压力容器，占地面积 170 亩，总建筑面积 8 万平方米左右，固耐终于有了自己的整机生产基地，为生产大型压缩机争取了良好的条件，距离上海虹桥铁路枢纽仅 40 分钟的车程也为固耐重工快速联系客户提供了地理条件。

建成后，固耐公司获得快速发展，2007 年，又与意大利合资在浙江嘉兴成立了固耐重工（嘉兴）有限公司，注册资金 2980 万美元，总建筑面积 10 万平方米，主要为大型压缩机和数控机床生产大型高难度铸造和锻造件，这样一来，大型压缩机的主要核心部件也由自己生产和加工，产业链向上游进行了延伸。

2009 年，温州固耐重工有限公司在温州经济技术开发区滨海园区成立，投资 7800 万元。固耐重工的回归，促进温州传统压缩机配件产业的转型升级，尤其是大型数控机床整机的项目，也填补了温州市在先进装备制造领域的空白。

由于固耐公司生产的大型压缩机几乎做到最大吨位，而主要的核心配件也已是最大尺寸，为此，固耐重工也研发出专门的数控机床，专门为大型压缩机生产中的核心零部件进行加工。为保证加工精度，公司专门成立大型曲轴精密加工装备工程技术中心，技术人员花了 3 年时间研发了一台大型数控曲轴磨床，采用全自动的方式对曲轴进行后期加工。

这样，固耐公司不仅完成了浙江温州、江苏苏州和浙江嘉兴的地理布局，还完成了垂直全产业链布局：从小型零部件到整机再到大型零部件、专用数控机床等，完成了自行开发、设计、制造、维修等的全产业链的布局。

专注技术：技能大赛是检阅台

2007 年 12 月，固耐公司员工郭小宁在"苏州市第三届技能状元大赛"中获得焊接组"苏州技能状元"，享受市劳模待遇，奖励 5 万元。固耐公司焊考委主任张兵告诉记者，这与董事长冯学仙与焊接大师对技术的追求分不开。

冯学仙技术人员出身，几乎亲身参与公司每个重大项目，由技术到管理，跨过了一道道鸿沟和困难，不仅在技术领域取得了丰硕成果，还在企业管理建设方面取得了骄人的成绩。固耐公司总经理黄珠云也是技术人员出身，参与了骏马化工、鲁西化工和晋煤集团等大型工程改造项目中大型压缩机的试制和试验。

而郭小宁所在的大师技能工作室就是重视技术的一个例子。固耐公司离心机的核心部件是叶轮，材质是硬化性不锈钢，本身有较强的磁场，而叶轮的焊缝接头都是角接接头，焊接时对技术要求非常高。

为解决焊接的难题，2010 年，冯学仙亲自到上海，两次专门和著名焊接高级技师胡宝良面谈，邀请他坐镇固耐公司。现年 80 多岁的胡宝良早在 60 年前就开始做焊工，后来在上海某锅炉公司担任高级技师，他出版过多本专著，在业内有着很高知名度。

冯学仙对技术的执着感动了胡宝良，他答应担任固耐公司的技术总监和高级焊接指导，固耐公司也相继设立了焊接实验室和焊接工艺推新小组，后来还受政府委托成立了焊工考试委员会。

尤其是焊接工艺推新小组成立后，在保持公司硬件设备基本不变的情况下，在焊接领域不断追求焊接工艺革新与推新，并接连攻克各种焊接难题，仅在 2016 年，就解决了两个重大难题。

一个是电弧磁偏吹难题。固耐公司决定由胡宝良牵头，组织张兵、郭小宁等 8 人组成攻坚小组，经过反复多次试验，耗时两个月，用自主研发的简易工装大大减弱了磁偏吹对焊缝的影响，使焊接电弧从难以控制到基本可控。另一个是钛材产品的焊接难题。钛材容器产品的焊接，在同行业是垄断和保密的，在胡宝良的带领下，经过反复摸索、试验、总结、筛选、再试验，终于自制出适应焊工操作的保护罩和总结出生产现场实际操作焊接工艺规范，打破了钛材产品焊接的市场垄断。

2007 年 5 月，固耐公司申报了太仓市的技能大师工作室，命名为"胡宝良焊接工艺推新技能大师工作室"，成立后，在团队、培训、扩展焊接新工艺等方面发力，继续提高公司的焊接水平。

有时，技术能手就是创新成员，固耐 1000 多员工，从事技术创新的有 100 多人，研发投入也达到了主营收入的 5% 左右。据介绍，固耐公司容器部的焊工在技术上都达到了较高的水平，产品一次性合格率提升到 98% 以上，已经全部能够胜任 A 类压力容器的电焊工作，同时，公司取得了 A 类压力容器的生产资格。由于成功跻身 A 类制造企业行列，固耐的地位在业界得到很大提升。正如赫尔曼·西蒙在《隐形冠军》指出，创新更多的是一种持续的完善，单个创新也许作用微小，但汇集在一起能实现顶尖的产品和服务。

执着梦想：成就感是最基本的需求

执着精神使冯学仙自从 1984 年开办零部件厂以来，30 多年一直从事压缩机行业。

2006 年前后，温州经济中炒作现象较多，许多企业觉得做实体经济不如做矿山、做房地产、做钱庄类的金融，当时固耐公司已经做大型压缩机业务，资金流动量比较大，温州很多人来找冯学仙，劝他别去做压缩机，希望合作从事挣快钱的生意。然而，冯学仙认为，这些人的客户利润点都很低，努力增收节支才能赚取不高的利润，而且整个实体经济日子都不好过，挣快钱的高利贷怎么能维持运转呢？因此，冯学仙拒绝了他们的合作要求，而是专心做压缩机的引进工作。

虽然冯学仙拒绝了"挣快钱"的合作建议，但是，对产业链上的资本要求并没有拒绝。鲁西化工是固耐的客户，多次采购固耐的压缩机及配件，固耐与之通过资本纽带，加强在压缩机及配件购销领域的战略合作关系。与此同时，固耐还调动自己的资源，协助客户获得金融资本方面的服务，如融资租赁等，冯学仙认为，客户事业好，自己作为供应商事业才好。而对固耐公司整体是否进入资本市场、上市融资的问题，冯学仙也坦言，主要看需要，而且在这个行业，技术和执着精神最为重要，而技术需要积累，国际通用机械类巨头有上百年甚至几百年的历史，非常正常。

冯学仙感到，最大的满足就是帮助客户解决问题后看到客户的满意。有一次湖北一个化工客户，进口压缩机出现问题，因压缩机是化工生产工艺中的心脏设备，一天运转24小时，一年运转300天，只有大修才停工，因此生产期间停产一天，就损失巨大。客户心急如焚。固耐服务团队和厂家连天加夜研究解决方案，最终解决了用户的问题，这家客户也成为固耐的忠实客户，从产能几万吨到产能100多万吨，一直采购固耐的产品和服务。

像这样的客户还有很多，冯学仙一直认为，只有把客户问题解决了，才能得到客户的信任，客户才能接受产品和服务，因此只要和固耐合作过的客户，没有一个离开的。

因此，冯学仙深信：只有把产品做得最好，做得最牛，才能最终得到客户的认可。他的梦想是：有一天能与国际大型压缩机巨头平等地同台竞争，并站上领奖台。

第二十一篇

中科科仪：第一背后的梦想

焦建全

"这是一个被寄望能让中国科学家获得诺贝尔奖的科学仪器。"北京中科科仪股份有限公司（以下简称"中科科仪"）董事长张永明告诉记者。这个名为"深紫外激光光发射电子显微镜"的大型科研设备，由中科科仪研制成功，能帮助我国科学家在前沿科学领域探索中大显身手，在我国目前仅有 5 台，其中中科科仪的深紫外激光器为全球仅有。

"国际著名的刑侦专家李昌钰实际上还是一个电子显微镜专家，许多犯罪案例，李昌钰博士就是借助电子显微镜（以下简称"电镜"）等微观分析手段使犯罪情景再现，最终将犯罪分子绳之以法的。"谈及投入了几十年心血的扫描电镜，张永明眼中饱含深情。

除此以外，2013 年 5 月，中科科仪成功研制出我国第一台磁悬浮分子泵。磁悬浮分子泵是集成电路生产设备、真空镀膜生产线中的核心部件，是高精尖产业中不可或缺的一类产品，有着广阔的市场前景，但长期以来只能依赖国外进口。中科科仪磁浮泵的问

世，一举打破了长期的技术封锁，至此，磁悬浮分子泵终于有了
"中国制造"。

身处中关村腹地，在这个外观朴素却颇有历史的院子中，中科
科仪作为我国真空行业及科学仪器产业的领军者，一直致力于高真
空技术、电子光学、离子光学的研究创新，经历 60 年的峥嵘岁月，
不但成功研制出我国第一台扫描电子显微镜、第一台磁悬浮分子
泵，还研制出第一台商业用氦质谱检漏仪、第一台涡轮分子泵等产
品，这些产品在我国"两弹一星""神舟载人航天""正负电子对撞
机"等国家重大科技活动中发挥了重要作用。

10 年磨一剑

从张永明参与场发射电镜课题攻关，到场发射枪扫描电子显微镜通过初步验收，已经过去 10 年。

简单来说，电镜相当于人类视觉感官的延伸和放大器。人类不倦的探索欲望，让我们不仅踏上探索星辰大海的征途，更想了解到构成世间万物却又无法用肉眼看到的微小单元。如果说火箭能带我们脱离大气层在宇宙中翱翔，那么场发射电镜高达 15 万到 30 万倍的放大效果，就是引领我们钻进微观世界，无限接近物质本质的利器。

2018 年 4 月，中科科仪承担的国家重大科学仪器设备开发专项"场发射枪扫描电子显微镜开发和应用"项目通过了中国科学院的验收，这标志着国内首创、达到国际同类产品技术水平、具有自主知识产权的肖特基场发射枪扫描电子显微镜开发成功。自此我国自主品牌扫描电镜进入高端市场，打破了完全依赖进口的局面，能积极推动和提高我国前沿科学研究、重大工程和战略型新兴产业高端装备的国产化、自主化水平。

场发射枪扫描电子显微镜适用于金属、陶瓷、半导体、矿物、生物、高分子、复合材料和纳米级一维、二维和三维材料的表面形貌观察（二次电子像、背散射电子像），可进行微区的点、线、面成分分析，可进行指定元素在形貌上的成像，也可进行晶体材料的晶体取向及微区取向分析、结构分析、正反极图、空间分析等以及图像定量分析等，场发射枪扫描电子显微镜在新能源、纳米材料、半导体技术、生命科学、环境监测等方面均有广泛应用。

场发射枪扫描电子显微镜项目突破了多项关键技术。具体包括扫描电镜高分辨电子光学成像系统设计、场发射枪工程化设计制造、场发射电子源制造、图像处理及控制软件开发等。仅这个项目，就申请国家发明专利 30 项、软件著作权 4 项，申请相关国家标准 2 项，发表相关论文 14 篇。重要的是，通过这个项目的实施，探索了类似"量大面广"高端大型科学仪器的发展模式，实现了产、学、研、用等方面的相互促进，并壮大了相关领域的人才队伍。

从 2014 年 12 月，我国首台自主研发场发射枪扫描电镜交付中国科学院大学使用，并和中国科学院大学共同建立"电子显微技术"联合实验室，进行科研应用，这是我国电镜发展的一个里程碑。

2015 年 10 月，场发射枪扫描电子显微镜项目在第十六届北京分析测试学术报告会及展览会（BCEIA 2015）上首获金奖，这距离张永明参与类似项目已经过去了整整 10 年。2006 年，张永明参与了国家科技支撑计划重大项目"场发射枪透射电子显微镜的研制"子课题场发射枪的研制，中科科仪是具体承担单位，张永明时任总裁，10 年过去，平添了许多白发。

43 年专注

距第一台扫描电子显微镜在中科科仪诞生，已经过去了 43 年，扫描电子显微镜仍是中科科仪拳头产品之一。

"刑侦只是扫描电子显微镜应用的一个方面，电镜在当前许多前沿科技研究领域都发挥着巨大的作用。"张永明说。被称为"纳米之眼"的扫描电子显微镜（Scanning Electron Microscope，简称 SEM）是一种分析仪器，被广泛应用于观测各种固态物理表面超

电镜现场

微结构的形态和组成。电镜根据电子光学原理，用聚焦很细的电子束照射样品表面，电子束与样品相互产生各种信息，使物质的细微结构在高放大倍数下清晰成像。譬如晶体材料力学性质的位错运动的观察、病毒与蛋白质结构的破译、碳纳米管的发现等，这些都需要借助于电子显微镜在原子尺度确定结构、化学组成的技术能力。另外，在海关、商检中，电子显微镜也有着重要应用。电镜有很多独特优点，一是放大倍数大，可以实现 10 万—100 万倍的连续变倍；二是分辨率高，场发射电镜可以达到 1 纳米；三是景深大，视场大，富有立体感。

　　中科科仪在电镜的研发制造方面具有深厚的历史积淀。早在 1975 年，中科科仪前身中国科学院科学仪器厂（以下简称"科仪厂"）就成功研制出中国第一台扫描电镜，荣获了 1978 年年度科学大会一等奖。

1983 年，科仪厂从美国艾姆瑞公司引进电镜制造技术。1985 年 9 月 25 日，试制成功首批电镜产品，被当时的国家科委列入技术引进实现国产化的第一批重点项目之一。

2014 年研发成功的场发射枪扫描电镜可以看成是电镜的升级版。

中科科仪也是中国现在唯一一家电镜国产品牌制造企业，电镜是中科科仪拳头产品之一，每年为中科科仪带来稳定的销售收入。

同样填补国内空白的，还有我国第一台商用氦质谱检漏仪。氦质谱检漏仪（Helium Mass Spectrometer Leak Detector）是用氦气作示漏气体，以气体分析仪检测氦气而进行检漏的质谱仪。使用时将氦气喷到接有气体分析仪的被检容器上，若容器有漏孔，则分析仪即有所反应，从而可知漏孔所在及漏气量大小。氦质谱检漏仪用途广泛，在真空炉、镀膜系统、压力容器、超高真空工程、半导体及电子、汽车制冷、核工业、航空航天、电厂等工业领域广泛应用，此外在加速器、束线、同步辐射光源空间模拟系统、试验装置、微电子、表面分析系统也有广泛应用。中科科仪的商用氦质谱检漏仪问世以来，在真空检测领域长期占有重要的一席之地。

6 年煎熬

从外商拒绝共同研发、拒绝在中国生产，到中科科仪成功研制出中国第一台磁悬浮分子泵，总共经历了 6 年，几乎 2200 个日子。

"系列分子泵现在是中科科仪的核心标准产品，占中科科仪本部营收的 70% 左右，磁悬浮分子泵是分子泵系列中的高端产品。"

张永明告诉记者。然而，它的起步却是源于一次"拒绝"。

2006 年，一家全球顶尖的国外真空设备制造商找上门来，要和中科科仪"谈谈合作"，隐藏其后的目的则是打算收购中科科仪。中科科仪当时面临资金短缺，但是，对方提出的条件却让张永明深感不安。对方公司提出，即使投资合作，他们也不会与中方合作研发磁悬浮分子泵，更不会在中国生产。

众所周知，代表信息技术科技前沿的半导体、集成电路和芯片等的生产必须使用真空设备，而磁悬浮分子泵是这类真空设备的核心部件，可以说是其"心脏"，重要程度不言而喻。

磁悬浮分子泵不与中方研发，不在中国生产，说明对方收购中科科仪的真正目的只是让中科科仪成为其低端产品的加工厂，一旦中科科仪被收购，中国真空技术的核心就几乎没有发展壮大的可能了。张永明深深意识到：核心技术是买不来、换不来的，不要指望外人来解决自身发展面临的核心技术和战略性科技问题。

考虑到真空行业核心产品的重要性，中科科仪拒绝了巨额资金的诱惑，坚定了自主创新的决心。经过 3 年多夜以继日的研发，磁悬浮分子泵逐渐有了些眉目，然而，却在一种磁轴承上遇到了难题。中科科仪总裁陈静回忆，当时这种零部件被一家外国公司垄断，其他国际同行都是从那家公司购买，当中科科仪提出购买时，那家公司拒绝了。面对困境，唯有迎难而上，中科科仪组建团队进行技术攻关，最终成功研制出了这个部件。那家公司得知后，又开始主动联系中科科仪。这个事件让中科科仪深刻体会到打铁还需自身硬，核心零部件研制的成功不仅把项目推进了一大步，更坚定了中科科仪自主研发的斗志与信心。

2009 年，中科科仪承担了"磁悬浮分子泵系列产品开发与产业化"项目，总投资经费近亿元，是中科科仪有史以来承担的最大研发项目。

2012 年，磁悬浮分子泵终于研制成功，打破了国外企业对磁悬浮分子泵的垄断局面，填补了国内空白，实现了国际产品替代。

2013 年 5 月，中科科仪制造的磁悬浮分子泵在国际真空展上隆重登场，这款磁悬浮分子泵具有省电、高洁净、低振动、免维护、转子自动平衡、断电自动保护、任意角度安装、智能控制等特点。从此，磁悬浮分子泵终于实现了中国制造。

中科科仪磁悬浮分子泵研制成功以后，国外对手意识到垄断优势荡然无存，产品大幅降价，中国从国外进口的同类产品价格降低 40% 左右，中国制造的磁悬浮分子泵也大大提高了中国真空设备企业的整体竞争力。

现在，中科科仪拥有国内最先进、最大的分子泵装配洁净车间以及软硬件一流的真空及科学仪器实验室，突破了真空行业多项关键技术，获得专利及软件著作权 100 多项，自主知识产权拥有量居国内首位，占行业专利持有量绝大部分。

中科科仪不仅在产品创新方面取得硕果，同时在体制、管理等方面也进行了改革、优化和创新。

体制改革

中科科仪不仅在产品上保持着多项第一，在体制改革方面也创造了第一。

中科科仪体制改革第一个阶段是事业单位企业化管理。中科科仪的前身是中国科学院科学仪器厂，1958 年 9 月 1 日，科仪厂正式成立，办公地址迁入中关村新建的厂房内。1985 年，科仪厂不再享有中科院核拨的行政事业费，真正走上了事业单位企业化管理的道路，科仪厂开始实施经营体制改革，探索企业化发展道路。

1991 年中科院遵照国务院关于机构改革的精神，为进一步明确职责任务和便于管理，于 1991 年 10 月 20 日将科仪厂更名为北京科学仪器研制中心（以下简称"科仪中心"），成为自收自支的事业单位。1996 年，科仪中心取得进出口经营证书，为开拓海外市场奠定了基础。在加速市场化进程的过程中，科仪中心加大产品开发和市场开拓力度，在科研、航天、军工、核工业领域和国际贸易方面取得市场突破。

时间迈入千禧年，中科科仪又成为中科院第一家事业单位整体转改制企业。2000 年 12 月，科仪中心正式在工商部门登记注册为北京中科科仪技术发展有限责任公司（以下简称"中科科仪"），中科科仪实现由传统体制下的事业单位向现代企业的历史转变，被中科院领导寄予"创新体制，加速发展"厚望。2004 年，中科科仪出台转改制后的第一份战略规划，并根据内外发展环境变化，不断细化调整完善，2009 年 7 月，中科科仪入选"国家创新型试点企业"。在此期间，中科科仪逐步树立了核心产品国内市场第一的地位，逐渐发展成为集科学仪器研发、制造、销售和服务为一体的高新技术企业。

随着规模的扩大，生产空间不足的矛盾逐渐凸显出来，为实现可持续发展，实施产业化生产，中科科仪于 2010 年 10 月完成了真空技术分公司整体搬迁，进驻占地面积 13000 平方米的昌平新生产基地。

在现代化企业探索的路上，中科科仪步履不停。目前员工持有近35%的公司股权，战略投资者14%左右，中国科学院控股有限公司占近51%，是第一大股东和实际控制人。与此同时，股东大会、董事会、监事会和管理团队各司其职，监管到位，使公司整体管理迈上了新台阶。

优化的股权结构和规范的公司治理为中科科仪奠定了坚实的基础，与此同时，公司管理层以市场为导向，贴近客户，内部优化管理结构，进行有效管控，外部拓展市场，为客户提供优质的产品和服务，实现销售收入和利润持续增长。

内优外近

中科科仪在内部对业务方向、管理架构进行了优化，在研发、制造、服务等环节力求贴近客户。

体制的改革和松绑给企业提供了发展条件，中科科仪自主性大大增加，逐渐过渡到以市场为导向，伴随着公司的不同发展阶段，对业务和管理也在不断优化与调整。一是关停了冷水机、医疗仪器、机箱机柜、机器人等低附加值、高风险的业务；二是加大优势业务的投入力度，将资源聚焦在电镜、分子泵、质谱仪产品及相关成套设备的发展上。同时对优势业务进行了梳理优化，将中科科仪本部和控股子公司的自身优势发挥到最大。中科科仪本部主要针对客户对标品的需求，如电镜、分子泵、质谱仪等，控股子公司则主要满足客户的工程化、定制化需求。

坚持以客户需求为导向，将客户置于所有工作的重心是中科科仪一直倡导的企业理念。中科科仪陆续建立四个销售分公司并在深、沪两地长期派驻售后服务工程师，为地理上贴近客户，快速响应客户需求创造条件。公司内部也把"急客户之所急，想客户之所想，切实解决客户实际问题"作为每个员工的行动指南。

正是这种不断满足客户需求的企业文化，使许多"不可能"成为"可能"。远距离控制分子泵问题的解决就是其中之一。随着行业的发展，越来越多的客户需要在复杂环境下远距离控制分子泵，目前的电缆线长度已很难满足客户需要。得知这一情况，中科科仪迅速成立专门的研究攻关小组，进行大量的实验测试和汇总分析，仅用两个月的时间，就完成了对其生产的所有分子泵型号控制参数的优化升级，绝大多数的分子泵型号能实现 100 米超长距离的控制，解决了客户远距离控制的后顾之忧。

与此同时，分子泵"雾霾环境"运行稳定问题也随之而来。半导体、镀膜、刻蚀、冶金等行业中经常会碰到腐蚀性的气体甚至粉尘颗粒，这相当于分子泵遭遇"雾霾天"，在这种恶劣工况下，分子泵的可靠性面临较大压力。中科科仪通过走访调研大量客户，收集到宝贵的第一手资料，从而提出了"保护气路＋吹扫阀"的解决方案。目前中科科仪大部分分子泵产品已实现上述功能，小小的吹扫阀，却是分子泵安全运行的"安全阀"，为分子泵行业拓展保驾护航。

同样需要解决的，还有检漏仪离子源易坏问题。在电子元器件的批量检漏中，检漏仪需要进行高频次的启停操作，由此带来的结果就是其中的离子源灯丝非常容易烧坏，客户之前通常需要准备好几个甚至十几个的离子源，这大大增加了客户的采购成本和时间成本，使用体验也大打折扣。针对这一情况，中科科仪以材料优化升级为突破口，成功研发了最新的离子源产品，新的氧化钇灯丝具有抗氧化性强、耐气体冲击、功耗小和寿命长等优点，在多家客户的实际应用中得到了正向的反馈。

这些成绩的取得，得益于市场营销的有力拉动，得益于各部门人员"客户第一"的工作理念。中科科仪"市场导向、贴近客户"的经营方针，被中科科仪总裁陈静概括为"（中科科仪）改进一小步，（客户）便利一大步"。

冠军梦想

西蒙教授指出，中科科仪具有发展成为隐形冠军的潜力，中科科仪正努力把潜力变为现实。

除了优化调整和贴近客户外，中科科仪作为一家制造型企业，制造环节正是将梦想变为现实的重要一环。中科科仪总裁陈静回忆，2005 年，她还是一个部门负责人时，就在本部门推行了精益制造，后来在中科科仪得到持续深化发展。

精益制造体现在生产相关的方方面面。精品率、及时发货率等一系列考核指标的提出，《真空业务指标考核管理办法》的出台和完善是在提升品质、强化交付上抓细节、促改进。而在加工工艺方面，不断通过刀具的提升、装配工艺的优化，使得分子泵全系产品精度提升 30%，部分达到提升 50%。精益求精，是中科科仪始终不懈的追求。

2014 年"隐形冠军之父"、德国著名管理学家赫尔曼·西蒙，曾来中科科仪考察，西蒙教授在参观工厂后指出，中科科仪具有发展成为隐形冠军的潜力。随后，中科科仪在陈静总裁的"学习德国制造，做行业隐形冠军"的号召下，各个业务板块开展了一系列的实践活动，动员员工通过工作上的改进，把德国制造和工匠精神的文化内涵融化为自己的行动，营造求真务实、团结进取的企业文化，打造具有战斗力的精益员工、精益团队、精益企业。

2011 年改制后，中科科仪内外兼修，快速发展，到 2017 年年底，中科科仪自主知识产权拥有量位居国内行业首位，占行业专利持有量的 90% 以上，公司销售收入持续增长，2017 年营业收入达到 3.6 亿元，净利润达到 5000 多万元，成为国内集科学仪器、真空设备研制、生产、销售和服务于一体的真空行业领军企业。

要想成为"隐形冠军"，全球化是一个重要的考量指标。西蒙教授在《隐形冠军》里的研究表明，市场从德国扩展到欧洲，规模增长了 4 倍，在世界市场上，有高达 11 倍的市场潜力。海外市场的开拓，中科科仪一直在行动。到目前为止，海外销售渠道已经建立 11 家，和 3 家学会展开合作，地理覆盖到北美、欧洲和东南亚、澳大利亚和俄罗斯。总裁陈静讲述了一个可以见证中科科仪品牌影响力的故事：俄罗斯科学院真空设备研究部门的墙上挂着一个标语："做俄罗斯的 KYKY（中科科仪的字母缩写）"。到目前为止，中科科仪的海外销售收入已占总销售额的近 10%。

目前，中科科仪正努力打造电镜产业链、分子泵产业链和检漏仪产业链"三链联动"生态体系，提升公司市场化、资本化、集团化的水平与资源整合能力，优化商业模式，推动公司快速发展，实现"创新科学仪器，发展一流企业"梦想，发展成为一家具有全球视野，在科学仪器特别是在真空领域国内领先、具有国际竞争力的产业集团。

中科科仪 60 年的坚守与创变，是我国民族工业奋斗与崛起的一个缩影。未来，中科科仪会继续演绎更加精彩的中国故事，向着"隐形冠军"这一梦想不断前行。

第二十二篇

环天科技：专业专注创新，成就民族品牌

秦 伟

作为往复式压缩机配套件专业制造商，台州环天科技股份有限公司（以下简称"环天科技"）通过了美国石油行业协会 API 质量体系认证和中石化、中石油等多家资源市场入网证书，同时也是中国压缩机行业协会中唯一一家不生产主机的副理事长单位，并由全国压缩机标准化技术委员会指定成立压缩机气阀标准和气量调节系统标准工作站。

30 多年来，环天人依靠勤奋与智慧，始终专注于往复式压缩机配套零部件的制造与研究以及品质的控制，以卓越的技术、精致的产品、满意的质量、一流的服务赢得了广泛的市场和信誉。近年来，环天科技的规模、产能和产值已经持续保持国内同行第一的位置，并已引起多家海外同行的关注和互动。

"我们过去没有，现在没有，将来更不会有去做压缩机整机的想法和念头。理由很简单，就压缩机配件类产品而言，要把企业做强，把产品做精，打破国外品牌对国内石油炼化等高端市场的垄断，我们还有大量的事情要做。"环天科技董事长黄正继的话掷地有声，"专业为王，我们就是要专注致力于打造一个往复式压缩机配件生产的专业化公司，持续创新，打造这个领域内一个属于我们中国人自己的民族品牌，打造百年环天。"

变革，才能有出路

1983 年 10 月，浙江省台州市玉环县（现玉环市）诞生一家独特的企业——玉环石油化工机械厂，这是环天科技的前身。为何说它独特？因为成立之初，有 30 多个股东，可以说是中国股份制企

业的先驱。"1984 年，作为机械学徒，我进入机械厂工作。"黄董事长回忆道，"从参加工作到现在，从底层的一般工人开始做起，我一直没离开过这个企业！"

"正是这段工人经历，让我深刻认识这个行业、充分了解这个行业，慢慢开始去分析这个行业的前景，去思考我们能做什么、会做什么。1991 年，我全面掌控这个企业后，对这个企业后续的发展方向，已经有了一个基本规划。"

2000 年 8 月 18 日，玉环石油化工机械厂改名为台州环天机械有限公司，在玉环市市场监督管理局登记。环天的产品从当年单一的钢制阀片，经过多年慢慢的积累，从测绘仿制到摸索开发，开始生产气阀组件和一些非金属的密封元件，并专门为杭氧集团压缩机公司做配套。

随着中国改革开放的不断深入，市场化程度也越来越高，环天机械也在不断扩大，这时企业的短板凸显出来，发展遇到瓶颈。各类专业人才的缺乏，落后的生产管理方式以及低效的生产加工效率，成为当时工厂继续发展的最大阻力。

人的因素是决定生产力的核心要素。

2003 年，从台湾回到大陆的陈布珍受邀加入环天机械，成为公司首个职业经理人，担任公司总经理。凭其在台湾机械制造业十几年的工作经历，率先引进不少机械行业先进的生产加工技术和管理方式。

为了提高生产效率，避免不必要的浪费，公司对每个生产环节做好记录跟踪工作，杜绝之前"拍脑袋"做法，并对企业生产管理制度进行重建。主要贯彻的是，抓管理、抓平衡，努力打造行业及国产品牌。抓管理具体来说就是企业建立合适的管理框架和运行流

程，企业管理靠"法"治而非"人"治。发现漏洞和缺陷及时改进
管理措施；抓平衡就是从不断开发新产品工艺形成设计能力、生产
能力，到不断提高与之配套与订单配套的加工能力、设备保证能
力，到最后的服务能力诸多方面同步提高，保证企业健康良性发
展。改革初见成效，企业的新产品设计任务量和订单加工量一直保
持在非常良好的状态，员工手上的活始终干不完，开始对企业发展
充满信心。

2004年，为了进一步发展，在上海成立了上海环天压缩机有
限公司。为具有共同志向的各类人才提供了一个发展的平台，先后
招纳了朱锋、许海平等多名行业中的精英，并陆续从西安交大引进
了王宇等多名博士、硕士毕业生，其中两人被台州市政府聘为台州
五百精英人才。在人才的吸收引进方面，黄董事长可谓海纳百川，
开放包容。只要能为企业发展助力，真正做到了待遇优厚，用人不
疑。具备同行业国际品牌多年管理及市场营销经验、国际品牌主机
设计技术管理经验以及国内著名高校对口专业的各类学位毕业生纷
纷加盟环天这个当时行业内并不起眼的公司，只为同一个职业目
标：努力追赶国际一流同行，打造一个响亮的民族品牌。人才的聚
集为环天第二个发展阶段提供了有力的支撑。

专注，成就王者之路

往复式压缩机在相关的领域无论从技术适应性角度还是经济适
应性方面来说，都有其不可替代性。"我们国家目前正处在高速发
展中，各行各业每年新上项目对往复式压缩机需求量很大，这个需
求保证了产品对新机组配套量的市场份额。另外，气阀、密封环等

作为往复式压缩机的易损件，正在运行的大量机组每年亦有大量的更换需求。"

"面对市场需求，考虑到环天产品的市场占有率还没有达到预期的水平，环天机械的第二阶段发展重点围绕在提升企业各项软硬件实力上。"公司总经理朱锋就此展开了话题。

"首先引进先进的 ERP 管理系统，使上海的技术销售中心与台州加工基地的服务器系统联网，其次公司开始每年投入大量人力、物力和财力不断进行设备更新、产品设计工艺升级和创新研发，目前环天科技所有产品都是自主研发设计及生产或独立销售的产品。已经拥有完全自主知识产权的国际先进设计选型软件，所生产的产品通过美国石油协会 API 质量认证体系认证。"

现在的环天科技几乎所有加工流程过程中的设备都已经处于国际一流水平。产品加工产能效率在国际上也屈指可数。不仅引来国内外同行的争相合作，更是为沈鼓集团、杭氧集团、沈阳远大、上海电气压缩机泵业公司（原上压和上海大隆）、山东潍坊生建、锡压、浙江强盛、江压、南压、江阴开益、中石化（镇海、广州、茂名、金陵等分公司）、中石油（兰州、独山子、克拉玛依、吉化等分公司）以及杭钢、武钢等 400 多家主机厂和石油炼化、钢铁、化肥等企业配套供货。

走进环天科技的生产现场，印有"环天设备"的机床布满车间，记者也充满疑惑，"环天还自己做设备，做机床？"

"要提升产品质量，仅仅依靠人的话，肯定会出错。"生产副总经理陈军对记者说，"我们现在更多地用现代化手段去管控，就是利用大数据、智能制造。"

"我们根据多年来积累的经验，把已经完善的加工工艺，利用大数据把人为因素给排除掉，利用数控设备来控制生产过程，来进行质量把控。由于产品的特殊性，很多产品都是订制化，也就是我们通常说的'小批量多品种'，这样的生产设备市场上是没有卖的。"

买不到怎么办，"我们自己干！环天科技在专用加工设备的更新升级上硬是走出了一条自己的发展之路。"

"自己干也有好处，我们充分把环天特有的工艺手段融合进生产设备。"陈军解释道，"我们自己最了解生产中的每一道工艺流程，了解每一道工序的作用与弊端，在进行设备研发时，针对每一道工序有的放矢地进行设计。最终我们的设备不仅满足生产的需求，在质量把控、成本节约、人力利用上也都充分考虑，整个生产的质量效率都明显提升！"

适合的才是最好的，这也为今天中国制造企业的智能制造作出了最好的样本。

"产品的多元化和标准化以及质量检测能力提升和设备的提升同步推进。目前，现有的产品由原来单一的阀片、气阀，已经扩展为多品种多系列的往复机配套产品格局，涵盖了多种气量无级调节系统，气阀及内部零件、填料及气缸密封件，止回阀，膜式气缸以及轴瓦等全部往复机配套件。"环天总工程师许海平补充到，"同时环天在产品质量控制体系上早几年前就申请并认证通过了行业里更专业、更高标准、更严格的美国石油协会（API）质量认证，并每年通过复审。这样一个严格的质量认证体系，保证了我们的产品从源头开始到每一个环节都有严格的质量控制手段和措施。"

"不仅生产设备自己干，检测设备也是我们环天自己研发设计的。"提到质量品质，陈布珍如数家珍，"对于环天的气阀和密封件产品来说，气密性最为重要，也是在品质保障中最难的。对此，我

不锈钢膜式气缸

们专门针对性地研发了气密性检测设备。"

"全国压缩机标准化技术委员会指定环天成立压缩机气阀标准工作站，气密性监测是气阀标准的一个核心，使用我们自主研发的气密性检测之后，电脑会打出一张检测单，它就会很明确地告诉你，检测的产品合格还是不合格，也就是最大可能地排除'人'的因素。"

"未来，我们更希望把这样的检测手段和设备推广到全行业，中国人应该建立自己独有的检测实验室！"

"技术实力、质量品质，两者缺一不可，在我们拥有了核心技术之后，我们对产品品质提出了更高要求，一是对生产工艺进行改进提升，在生产中保证质量品质；二就是严把原材料供应，在源头上保证质量品质。目前环天产品所涉及的 PEEK 材料气阀阀片的原材料全部由英国 VICTREX 公司原装进口，所制造的产品经该公司授权使用英国 VICTREX 公司次商标。品质和质量完全能够替代进口产品。"

"另外，活塞环、支承环等密封件产品所使用的自润滑材料，我们在严格执行产品配方的基础上也一直选用进口优质基料，如日本大金公司的产品。同样的选材标准也用在气阀弹簧上，我们的弹簧钢丝也全部是从日本和欧洲进口。"

在环天，对于品质的提升已经不仅仅限于质量的可靠与稳定，更是把客户体验做到极致！产品销售的售前和售后服务，售前的工程设计类服务，售后的产品快速现场服务等也在体现产品附加值，它们和产品质量一起决定着用户的选择。

"像做工艺品一样做工业品。"朱总微笑着对记者说，"现在，我们环天很多产品已经达到或接近全球领先水平，前面已经没有参照物供我们参考对标，唯有精益求精，把每一个产品做到极致，才能保持行业领先！"

创新，捧回中国机械工业"奥斯卡"

在环天科技二楼会议室，传出激烈的讨论声，5位技术人员掀起一阵"头脑风暴"，为一个研发项目细节争论得面红耳赤。也正是他们，捧回了中国机械工业科学技术奖一等奖，这是中国机械领域最高奖项之一，也是目前国内机械行业唯一由国家批准设立的奖项。

中国机械工业科学技术奖由国家科技部、国家科学技术奖励办公室批准设立，旨在奖励为提高生产力水平而进行研究、开发、试验所产生的，适合推广应用的具有实用价值的科技成果。奖励对象是在机械工业科技领域作出创造性贡献，为推动机械工业科技进步，提高经济效益和社会效益作出突出贡献的组织或个人。

这次获奖的项目是由西安交大毕业的王宇博士带领的团队研发

的环瑞 HRCS 往复压缩机气量无级调节系统，广泛应用于化工厂、炼油厂、气体储运厂等多个工业领域。不仅如此，这也是继国外某品牌之后，全球第二套、国内首套研发成功并获奖的往复压缩机气量无级调节系统。

公司技术副总王宇博士介绍道："2007 年，随着国内炼油产能的不断提高，往复式压缩机的市场越来越大，同时面临的同质化竞争也越来越激烈。"

"要想在激烈的竞争中取得优势，必须提高产品的附加值。"

2008 年，当时的环天管理层瞄准了往复式压缩机最高端技术的产品——气量无级调节系统，期望能打破国外垄断。从着手准备研发团队到与西安交通大学、沈鼓集团、广石化、合肥通用所签订共同研发协议，开始艰难漫长的研发之路。

终于"八年磨一剑"，努力总算没有白费，2011 年，成功研发出环瑞 HRCS 往复压缩机气量无级调节系统；2012 年，该系统被列为国家"十二五"科技支撑计划；2013 年，在中石化广州分公司一次性研制试制成功；2014 年 10 月，系统通过了中国机械工业联合会专家委员会鉴定，并荣获国家科学技术成果鉴定证书。

"我们这间大型往复式压缩机气量调节装置实验室就是国家投资建设的，国家还将往复压缩机气量无级调节装置标准工作组设置在我们这，这不仅是对我们的鼓励，也成为我们的后盾，可以让我们放手去做。"王博士继续介绍。

王博士团队为了能成功研发出这套装置，投入巨大的时间和精力。功夫不负有心人，"现在它已经成为一个成熟的产品了。"王博士说。环瑞 HRCS 往复压缩机气量无级调节系统研发成功得到市场认可以后，短短 3 年的销售业绩超过国外同类产品 10 年以上的业绩。形成了巨大的竞争能力，国外同类产品价格大幅下降。

　　"我们相信这套装置的市场前景非常大，接下来我们还将继续研究，比如说对装置做一些升级，提升它的附加值，或增加它对压缩机的监测等智能和云服务，让它变得更加完善。"王博士说道。

责任，做真正的民族企业

　　"为何下决心、投巨资研发往复压缩机气量无级调节系统？"面对记者的提问，黄董事长的回答很单纯，"有市场需求，有民族情结。"

　　"在此之前国内项目均采用国外公司进口的相关产品，由于市场没有选择和竞争，国外公司产品价格极其昂贵，用户投入巨大且后续备品配件严重依赖进口。尽管如此，中国一个市场的需求量仍在短时间达到甚至超过全球其他市场的总量。"

　　"当时受到沈鼓集团百万吨乙烯三机实现国产化完全替代进口产品的启示，作为国内行业的排头兵，我们觉得环天科技有责任有能力牵头来研制开发往复压缩机气量调节产品，填补国内市场空白，为用户带去可靠而价格实惠的国产节能调节系统产品。"朱总继续说。

　　"但资本归根结底是逐利的，企业要生存要发展，必然要有市场有利润。"面对国产化应用困境，朱总也满腹苦水，"每次一旦某个领域某个产品国产化成功，国外相同类型的产品必然大幅降价，这确实能为国家节约大量外汇。但对于我们承担国产化任务的企业来说就不得不面临价格战，甚至国外企业仅仅以原材料成本价出售，因为在过去多年的高利润下他们早已把研发投入、设备投入收回，他们的目的就是利用价格战把中国企业赶出这个市场！"

"外部因素我不想过多地谈，因为那不仅是制约环天更是制约整个行业的因素，而且这不以我们的意志为转移，我们要做的只能是去适应，克服困难求发展。"黄董事长话锋一转，随即回到企业自身，"对我们内部而言，我个人觉得人的因素是制约发展的最大因素。生产力中人的因素是至关重要的，我们环天科技热忱欢迎国内外有志于压缩机配件事业的有识人士加盟我们的团队。大量广泛地吸引人才并给予善待和善用，这是环天科技发展中一个不变的规划。"

"客观地讲，环天科技无论从产品、技术还是管理层面等多个方面与国外先进水平仍有差距。"黄董事长没有停止思考，环天科技更不会停止发展，没有最好只有更好，只有撸起袖子加油干，把自己做得更好，才能更广泛地被市场用户接受认可。2017年12月19日，企业完成股份制改造，正式更名为台州环天科技股份有限公司，开始着重完善自身的技术和管理水平，其中包括引进高学历人才做基础的产品技术总结、提高、标准化等工作。不断地完善自己，以不变应万变才能使企业在国内外的竞争中立于不败之地。

四川金星清洁能源装备股份有限公司
SICHUAN JINXING CLEAN ENERGY EQUIPMENT CO., LTD.

第二十三篇
四川金星：天然气压缩机专家

陈　曦

　　相对于说自己有多大的规模和产值，隐形冠军企业们更喜欢称自己为某个领域的专家，原因很简单，这些企业更加注重在深度上的挖掘。

　　四川金星清洁能源装备股份有限公司（以下简称"四川金星"）称自己为"天然气压缩机领域的专家"。公司董事长吴军从两个方面解释自己对于企业行业地位的理解，其一是市场份额，其二是产品专业性，"如果说天然气压缩机领域，我们在全世界也是第一的，因为全世界在建的加气站我们中国最多。国外的压缩机企业不会为天然气加气站所需要的压缩机进行专门设计，都是拿其他的压缩机改造过来将就使用的，我们则专门为天然气加气站进行压缩机的设计。"

　　目前，四川金星是中国规模最大、规格最高、品种最齐、产量最多的压缩天然气（Compressed Natural Gas，简称 CNG）压缩机和橇装工艺压缩机制造龙头企业，"精心"品牌也成为国内 CNG

压缩机第一品牌。公司拥有 A1、A2 压力容器设计、制造资质，同时也取得美国机械工程师学会（ASME）U、U2 认证。产品远销俄罗斯、白俄罗斯、乌兹别克斯坦、哈萨克斯坦、土库曼斯坦、乌克兰、巴基斯坦、孟加拉国、印度、秘鲁、苏丹、缅甸、朝鲜等 10 多个国家。公司是国家高新技术企业、国家火炬计划重点高新技术企业、国家企业技术中心、四川省企业技术中心、四川省 CNG 加气站装备工程技术研究中心、成都市 CNG 压缩机工程技术研究中心、四川省"博士后创新实践基地"、"成都市院士（专家）创新工作站"。

一家企业的成功，需要同时具备天时、地利、人和三个要素。

天时，指的是企业要顺势而为，能够对趋势进行正确的研判，即企业所在的行业处于社会进步和科技发展的大趋势之中。

地利，指的是企业自身的实力，既包括设备这样的硬实力，也应该包括技术、管理水平等软实力。

人和，自然指的是人的因素。领导者带领下的全体公司人员的态度、观点左右着企业在关键时刻的抉择。

四川金星的成功同样也离不开天时、地利、人和三个条件。

了解趋势跟随行业动态

经过了多年的工业化、城镇化发展，中国收获了高 GDP 增长与人民生活水平大幅提升等成果，但同时，也面临着环境污染与可持续发展等挑战。

一直以来，能源都是国家繁荣强盛的重要支撑，国民生活的各方面都离不开能源。能源结构中，石油、天然气和煤炭一直占据着前三的位置。根据英国石油公司（BP）定期发布的报告，到 2040 年，全球一次能源消费结构中，石油、天然气和煤炭依然可以占比到三分之二。报告所取区间为 1970 年到 2040 年，其间既有对过去的统计，也有对未来的展望。根据报告，这三种主要能源中，石油的消费整体呈下降趋势，煤炭的消费虽然会有波动，但是总体也呈现出平缓地下降，而同样作为化石能源的天然气，却是在逐年增加的。

全球范围内对于天然气的大规模开采和利用，兴盛于 20 世纪 70 年代。中国也在 70 年代开始天然气的开采和使用。吴军在成立四川金星之前，曾在四川空气压缩机厂工作。四川空气压缩机厂是一家从外地搬迁而来的"三线"企业，在 20 世纪 80 年代初正式投产。该厂成立不久，就接到了一个重要任务。吴军回忆，"因为当时城市天然气只有四川有，所以当时的机械工业部和石油部下达了一个任务——研制天然气压缩机。因为天然气有特殊性，所以天然气压缩机开发制造就与其他种类的压缩机差别很大。当时美国公司有天然气压缩机产品，而我们国家是没有的，所以从那个时候起四川空压机厂就一直在从事天然气压缩机这方面的研发跟制造。"

在四川空气压缩机厂工作期间，吴军参与到天然气压缩机的研制工作中，这一宝贵经验不仅使他对技术有研究，更对天然气行业有了深刻了解，也为其日后创建四川金星打下了基础。吴军说，"到了20世纪90年代中后期，因为我是空气压缩机厂总经理助理兼劳服司的经理，主抓天然气压缩机项目。自然就看到了CNG产业下一步发展的前景。然而，空压厂来做这个产品未免得不偿失，因为空压厂当时搬迁过来时，其设备都很大，厂子做的设备轻的话都是要二三十吨重，大的话要三四百吨重。加气站需要的设备，比较小一台的也就是七八吨重，大一点的十来吨重，所以它的零部件都很小。看到了这个产业发展前景很好，所以在这个基础上空压厂就专门成立一个集体所有制的企业，把四川空压厂在天然气压缩机开发上面的一些经验积累都用在CNG压缩机上。"

说起天然气行业，吴军滔滔不绝地讲，"从全世界发展的趋势来看，减少碳排放量这是一个必然的趋势，当时我们就看到今后发展空间是很大的。在当时为什么看好CNG，因为它既有经济效益又有社会效益，所谓的经济效益就是说天然气跟油价的差距是很大的，所以对于企业或者个人而言使用成本也是差距非常大的，就是有吸引力。比如，汽车行驶一百公里如果用气的话，一方气三块钱，算六方，也才十多块钱不到二十块钱。但是你要一百公里用油的话，用五六升油，六块多钱一升油，成本多一倍以上。第二，就是社会效益，体现在环保上。因为天然气的主要成分是甲烷，甲烷由四个氢原子一个碳原子组成。它比石油的碳原子量少，在产生同等热量的情况下，甲烷产生出来的碳少，空气污染就少。所以天然气属于清洁能源，增加对天然气的利用对减少雾霾改善大气质量是非常有好处的。既有社会效益又有经济效益，再加上在 2000 年的时候科技部也非常重视，给了很多优惠政策，推广的力度也很大。"

找准时机，用技术和品质创造先机

1995 年 8 月的四川，正值酷暑。在成都琉璃场一个不到 200 平方米的简易厂房里，离开了空压厂的吴军，组建起自己的团队，继续从事天然气压缩机的研发和制造，四川金星诞生了。

当时，四川金星只有十几个人，这些人中大部分是技术人才，这样的开端也造就了公司日后走创新之路、靠技术发展的理念。"通过自己的努力不断地开发这么多年，我们的自主知识产权，包括发明专利、著作权等有二百来项。这些年公司发展的速度很快，也是得益于研发，虽然当时公司规模很小的时候只有十多个人，但我们研发人员的比例很高，到现在也是比例很高，我们整个研究院所属的加起来是一百四十多人，我们在研发上的投入也比较大。"

可以说四川金星在成立之初，能拿得出手的实力就是技术能力，是十几个技术人员以及多年行业经验的积累。然而，资金不足、设备落后、市场开拓能力有限等问题让公司的创业之路一开始就困难重重。

吴军回想起创业之初，他说，遇到的困难非常多，比如公司刚刚成立，准备做 CNG 加气站第一台设备的时候。当时的状态是资金非常紧张，市场也不认可。为了把这台设备做出来，能够取得广告效益，公司跟几个加气站商量把设备免费送给加气站使用，就这

四川省首座全集成加氢站

样好多加气站都不接受。最后才有中石油的一家加气站同意使用四川金星的设备，同时公司的生产资金又很紧张。那个时候没钱，都是挣了钱做一个，再挣了钱再做一个，最后用了快两年才把这个产品做出来，包括买零配件的钱都很缺。当时公司的厂房是租的，租金便宜所以设施简陋，甚至连车都没有，零部件都是靠大家一个一个手提肩扛地弄到试车台上去组装的。产品到用户那儿使用，也出了一些问题，再不断完善。经过我们辛勤努力，最后的效果非常好，得到了四川省专门成立的一个清洁汽车领导办公室的认可。所以四川金星的第一桶金应该是 1998 年国家科技部奖励的 60 万元的中小型企业创新资金。

　　1995 年成立，到 1998 年才拿到"第一桶金"，其中的艰辛自不必表。四川金星的成功开始于一群技术人员创业，而这个国家科技部奖励的 60 万元奖金，正是对于技术创新的褒奖。这样的褒奖更能提振士气，也为企业打了免费广告。60 万元的数额在当时算是非常大的，足够四川金星再造两台设备，公司上下干劲十足。另外，获奖的宣传效益很好。当时，民企鲜少有能拿到科技部给予的创新资金，合作企业也会因此对四川金星高看一眼。吴军对此颇有些自豪，"人家一想国家科技部都认可了，说明对产品技术性能都认可了，有广告宣传效益。所以在 2001 年验收的时候我们全省大概是有一百多套同类产品，我们是第一名通过考核的，中央电视台还专门报道了我们企业。考核通过后，我们的销售量一下就起来了。2000 年以后，四川省基础建设速度很快，产品需要量也很大，为了扩大产能我们自己买了地、修了厂房。"

所有的隐形冠军企业，其成功的第一要素都是产品质量过硬。薄利多销对于隐形冠军企业的吸引力，远不如做精品卖好价钱。

2000 年后，四川金星顶着技术品质高的光环，赢得了大量订单，这对于一家成立不久的民营企业而言，其实是一把双刃剑。企业刚刚完成产能扩张，在人员、资金都紧张的情况下，要生产大量订单，很可能会导致产品质量下降。四川金星也确实遇到了这样的问题。人正则物端正，具有团队合作和进取精神的企业文化让四川金星再一次走出困境。

吴军表示，"在新的车间里生产运行，可能管理各方面有些问题，所以产品质量也下降了。产品质量下降导致了一系列不良影响。最糟糕的时候被成都市封杀，专门下个文通知说金星的设备质量有问题。这对我们的震动非常大，当时我们就想哪儿跌倒一定要在哪儿爬起来，认认真真、不计代价地把质量提高，把服务做好。同时，加强内部管理。经历这次事件之后，公司的理念也有变化。

原来强调的是技术先进和产品性能，现在是在保证质量的前提下提高产品的性能跟技术含量。在技术创新上走稳妥的步伐，不能光强调先进性，也要强调可靠性。"

　　两年之后，经过对产品质量的严把关，对产品性能的高要求，四川金星再一次获得了客户的认可，销售量稳定增长。此时，四川金星在国内的地位逐渐稳固，公司把目光放在了国际化发展上。刚刚开始国际业务时，四川金星面临着与其他企业一样的问题——水土不服。吴军说，"我们出口到巴基斯坦，第一台设备出去的时候跟人家的标准不一样，校对沟通也不一样，当时他们用的是意大利、法国、新西兰的设备，我们的设备跟人家比差距很大，结果第一台设备基本上全部都换了个遍，都是空运过去的，花了不少钱，最后得到了他们的认可。这给了我们信心。我更加坚信，从企业发展来讲一定要扎扎实实，一定要保证质量，在这个基础上进行创新，提高自己的产品性能。"

　　为了方便客户使用，四川金星不断进行产品创新。目前在国内，乃至亚洲天然气压缩机行业内，四川金星是唯一一家能够把压缩机的转速做到一分钟1500转的企业。要达到同样的效率，转速低就必须体积大才行，所以产生同样排量，四川金星产品的体积要小得多。设备体积小，在运输、安装上都会节省成本。四川金星的部分产品是模块式的，即可以以模块的形式到现场安装，而不存在整体拆装的问题。吴军说，别看1500转比1400转才多了100转，这确实是一场革命。

延伸产业链彰显制造实力

从企业的天时地利人和来看，四川金星最初跟随能源环保产业趋势进入天然气行业，当属天时；公司利用多年的行业经验与技术水平打造出性能优越的产品当属地利；在公司趋于稳定之后，怎样求发展，就要依靠人和，即决策者的态度。

企业扩张，有两个方向，一是广，一是深。四川金星选择的方向是，挖掘价值深度，在天然气压缩机领域深耕细作，延伸产业链。吴军认为，民营企业应该是专而精，不要铺得特别大。"我们现在看起来大，其实也不大，是细分市场的大，并不是整个天然气装备市场，我们一直紧紧围绕自己的特色进行开拓"。现在，四川金星虽然是成套设备提供商，但是其主要精力也是放在压缩机上。吴军解释，"比如大型的液化工厂也需要压缩机，现在的工艺叫混合智能，现在也有混合智能压缩机，还有 BOG 的回收压缩机。我们只是把其他的一部分，不主要的部分从外面买来，最后变成一个整体的设备。其实每一个环节都有压缩机，公司实际上也没有偏移这个方向，紧紧围绕市场细分的燃气装备市场，而且每一个装备里面都有我们的压缩机为主体。"

吴军希望未来公司的发展方向是，在产业链上利用自己的优势不断地延伸，从头到尾做，理想的盈利模式和竞争能力在于可以为用户提供需要的所有产品。基于这个考虑，四川金星还做了一些终端设备，比如有自己的液化天然气工厂、天然气公司、加气站，力求完全进入天然气领域。

四川金星目前是行业内唯一从事天然气净化、加工到终端应用设备 EPC 服务商的企业。公司从单一的压缩机制造商演变成加气站整套设备的制造商，从产品包括脱水装置、储气系统进入到液化天然气领域，并具备了液化天然气整套设备制造能力。四川金星在延伸产业链时注重几点，一是产品范围从天然气的净化设备、深加工设备，扩展到天然气制成液化天然气的设备，以及把天然气制成化工产品；二是天然气的终端应用设备，比如加气站成套设备，液化天然气加注站的成套设备，以及以氢代煤、小区改造、烧煤锅炉改造成烧天然气锅炉、小区供气等成套设备；三是 EPC，从原来设备供应商，到现在设计、制造、安装 EPC 全过程，再到服务商。

对于为何对天然气行业情有独钟，并且致力于延伸产业链，吴军进一步解释，任何产品都有它的生命周期，基于此，四川金星考虑能够通过这种延伸使企业发展不至于大起大落，第二也是考虑到国家对天然气产业的重视，从"九五"计划开始四川金星就注意到了，国家一直对能源支持力度很大。

隐形冠军更喜欢自己做核心零部件，四川金星因此成立自己的铸件制造基地——位于四川德阳经济技术开发区的第四生产基地，主要承担各类压缩机的零部件铸造和热处理。

开设铸造基地，正是四川金星深度挖掘价值链的尝试。四川金星压缩机产品中 40% 的重量是铸件，用量很大，是核心配件。成立铸造基地有三个原因，其一，压缩机铸件需要承受压力，因此要求它的硬度以及其他指标必须达标。市面上的铸件或者无法达到公司的要求，或者价格非常昂贵。其二，一些好的铸造厂隶属于某个制造企业，专门为该企业配套，其原则上不对外，即使对外销售的，对压缩机领域的产品要求不熟悉，也会造成质量无法保证，交货期也无法保证等问题。其三，由于铸件质量无法保证，导致压缩机产品质量无法保证，影响企业声誉。

铸造基地成立之后，在保证四川金星的产品需求的同时，也在市场上承接其他企业的业务，其作用已经显现出来。在节能减排要求日益提高的情况下，有很多小的铸造厂必须要关停，铸造基地业务量逐渐增加，已经能够自给自足。

四川金星拥有行业内唯一的国家级企业技术中心，公司的燃气产业技术研究院为国家院士工作站、博士后创新实践基地，拥有高、中级专业研发人员 140 余名，其中教授级高工 6 名，享受国务院特殊津贴专家 5 人。技术中心已经研发出拥有自主知识产权的"节能型无平衡段活塞式压缩机""节能型天然气汽车加气子站压缩机""油田伴生气回收移动工作站""压缩天然气母站压缩机""液压平推式 CNG 加气子站""液压活塞式 CNG 加气子站""液化天然气加气站、L-CNG 加气站""CNG/ 液化天然气加气站信息管理系统""天然气净化装备""分子筛脱水系统"等 120 余项专利技术。在"技术领先"的战略指导下，四川金星设立了由 CNG 压缩机研究所、工艺压缩机研究所、天然气工程研究所、液化天然气—液压装置研究所、深冷工程研究所、电气工程研究所等 6 个研究所组成的技术研发中心。产品涉及酸性、高酸性天然气净化装置及单井油气田地面橇装装置、液化天然气液化装置及 CNG 压缩机、工艺压缩机等。

第二十四篇

百利展发：看"黑马"如何逆袭

张 华

    2018 年"五一"国际劳动节刚刚结束，天津百利展发集团有限公司（以下简称"百利展发"）总经理杨宇就接受了记者的采访，而这距离其 4 月 12 日重新执掌百利展发尚不足一个月。

    "如果说 2005 年百利展发创立时的起点还不错的话，那么 2018 年对于百利展发而言，将会是一个重大的转折点，我们会用三年的时间彻底将百利展发打造成中国阀门行业的一匹黑马，"杨宇如是说，"尤其是在特种平板闸阀和球阀领域，百利展发会抓住发展，进一步巩固这两大产品系列的技术优势，百利展发不会往大而全的方向转移，却会在小而精的专业化道路上一路狂奔。"

从代理到创业的身份转换

    说起百利展发的创立，也算有些机缘巧合。创始人杨宇并非阀门行业技术出身，其最早是在银行工作，可是市场嗅觉特别敏感的杨宇并不甘心只是守着别人眼里的"金饭碗"，所以早早地下了海，并在市场的历练中逐渐成长起来。

"2004 年的时候，赶上当时天津某国有阀门厂改制，而我当时是他们的代理商之一，对他们的情况也比较了解。"杨总回忆说，"基于多方面因素考虑，我觉得是个不错的机会，于是接收其技术、产品、研发等多部门人员，并以其为基础班底在 2005 年 3 月份创建了新的公司，当时叫天津百利天阀阀门有限公司（以下简称百利天阀）。此后在 2008 年的时候，更名为现在的名字即百利展发。"

其实杨总口中的"多方面因素"最主要的还是看重了阀门生产这一实体基础。"虽然在市场摸爬滚打了很多年，归根结底还是以贸易、代理为主，虽然也挣了一些钱，但是在这个过程中品牌的缺失严重束缚了公司的长远发展。"杨总坦言，"既有产品又有核心技术支撑的实体企业，其品牌发展的可塑性才更强。于是乎，当有阀门厂改制机会出现的时候，我很快就作出决定，也因此才有了今天的百利展发。"

从找单到拒单的转变

成立初期的百利天阀产品系列较为广泛，但特点并不明显，包括各种闸阀、截止阀、止回阀、球阀及蝶阀系列，产品应用也颇为广泛，包括城市供暖、供水、钢铁、石化等，用杨总的话说就是："公司成立初期，一方面产品定位并没有那么清晰，另一方面初创型公司所面对的生存压力也是客观存在的。"

所以百利天阀成立之初就是不遗余力地四处找订单、求合作，包括市政工程、钢铁冶金、石油石化等多个领域均有涉足，可谓典型的多点开花。另一个不容忽视的背景因素是，百利天阀成立之初也恰逢中国制造业快速发展的黄金十年，用现在投资圈儿的说法就是"只要处在风口上，猪都能飞起来"。所以也就有了杨宇再次出任百利展发后说的那句话。

得益于各行业的快速发展，百利展发的开局也算顺风顺水，但是一直注重品牌效应、谋求长远发展的百利展发自然不会停留在眼前的繁荣，而是对产品、市场以及行业的发展做了更为深入、细致的调研和分析。"有订单固然欣喜，但是经过一段时间的分析不难发现有的行业资金回笼慢，有的行业明显属于夕阳产业不值得长期投入过多精力等等，有了这些前车之鉴，百利展发自然会对接下来的产品研发甚至企业发展作出相应的调整，并最终摸索出一条既结合自身特点，又能充分发挥产品优势，关键是还得找到最具可持续性发展的行业作为依托。"杨宇分析说，"而对于那些回款周期长、行业发展乏力的行业，要勇于说'No'，有所舍才会有所得啊。"

经过多方分析比较，百利展发最终将目光锁定在以石油、天然气生产为主的石化领域，而核心产品平板闸阀和球阀则是其进入这一领域的利器。

寻找自己的亮点

之所以选择以石油、天然气为主，一方面是看好了国内外该领域庞大的用户市场及未来可期的发展，另一方面，从当时国内来看，该领域几乎清一色采购的是国外的相关产品，从重大装备国产化的角度来说前景更是诱人。

当然，看到这一点的并非只有百利展发一家，但是真正制约国内企业替代进口的关键问题还是核心技术。

百利展发提及的石油、天然气等能源开采、运输过程中用到的阀门业界称之为"管线阀门"，一般又分为球阀和平板闸阀两种类型。不管哪种类型的阀门因为其应用场合的特殊性所以对于产品的可靠性要求远高于其他领域，而且因为涉及有毒、有害、易燃易爆的介质输送，所以对于介质泄漏可以说是"零容忍"。看似简单的阀门，想要达到这些要求绝非易事，这其中涉及产品结构、材料、密封、防静电等太多的技术问题等待攻关。

虽然并非技术出身，但是杨宇一直活跃在市场一线与客户保持紧密的联系，因此对于客户的需求相当了解，采用倒推的方法，杨宇带领百利展发的技术总工以及重点技术人员经常往返于公司与采油气集输现场，不断地试验与研发，最终功夫不负有心人，百利展发的付出换回了技术方面的创新，一个又一个国家专利的获得是对其技术成绩的最好诠释。

例如百利展发针对其管线球阀，在阀杆处设计了减磨垫密封、

O形圈密封、防火填料密封三重密封及密封脂辅助密封结构，确保了上密封的可靠性能，有效防止外漏的危险，同时全焊接球阀在阀杆轴向设有四开环防止阀杆飞出；此外传统的管线球阀是执行器对阀门开关进行单一限位，而百利展发创新结构是在传统结构基础上，在连接盘上设一个限位槽，实现阀门自身机械限位，克服了传统限位装置容易松动变形，新装执行器无法准确限位，导致阀门开关不到位的缺陷，提高了阀门开关限位的可靠性与准确性。

对于长距离管线阀门最敏感的密封问题，百利展发推出的平板闸阀采用防火填料结构，具有填料松紧度调节功能、自动补偿填料功能、紧急注脂功能、阀杆防飞出且不外漏功能以及防火功能，该设计同样获得了国家发明专利。

与百利展发在技术领域取得的成绩同样可喜的是，其产品也陆续被国内的一些石油、天然气管线工程所采用并得到认可。

中石油、中石化、中海油、神华集团、委内瑞拉国家石油公司（PDVSA）、澳大利亚沃利帕森斯（Worley Parsons）集团等国内外知名石油化工集团的重庆气矿、蜀南气矿、克拉玛依输油管线、川西北气矿等众多项目中先后采用了百利展发的高抗硫平板闸阀、大口径球阀、平板闸阀、管线球阀等众多产品，且实际应用工况良好。"用户的实际反馈都很不错。"杨宇对此也颇感欣慰，"业内专家对我们的产品也给予了高度评价，在公司研发的某型号大口径全焊接球阀的产品鉴定会上，鉴定委员会一致认为：'该产品已经达到国内外同类产品先进水平。'"

年纪轻轻的百利展发明晰了自己的定位，终于在高手如林的阀门领域杀出一条属于自己的道路，一鸣惊人。

剑指高端

百利展发在石化领域取得的成绩不仅使公司销售业绩直线飙升，同时因为其成功在石油、天然气等领域"跑马圈地"，让客户在选择这些平板闸阀、管线球阀等特种阀门的时候首先会想到百利展发。

"从石油天然气和化工这两大领域应用市场来看，其对于特殊高温阀门的应用在全球阀门应用中所占的比重和附加值都是最高的。单说燃气市场，发达国家在能源消耗方面燃气可以占到20%，而中国目前只有7%左右，市场发展空间之大可想而知。"销售出身、深谙市场的杨宇对于行业走向有着天生的敏感，"虽然由于个人身体和家庭原因，我本人淡出百利展发执行层面有几年时间，但是现在看来当初的定位现在依然没有偏离，对此我也颇感欣慰。"

杨总淡出执行层"提前退休"的这几年也恰逢中国经济步入"新常态"时期，行业发展明显放缓，但是近两年在新一轮转型升级带动下的中国制造业强势反弹，增幅明显。面对新的发展机遇，百利展发董事层多次找到依然休假的杨宇，希望其可以出山携手将百利展发推向新的辉煌。

虽然在家休养了几年，但是杨宇并没有减少对百利展发以及国内外阀门市场的关注，此次回归也是有备而来。再次上任的杨宇对于百利展发的定位相当清晰：坚持特种平板闸阀和球阀的优势前提下，要快速转入高端市场，而且要积极拓展海外市场。对于企业发展最重要的两个因素——资金和人才，杨宇在上任前就跟董事会达成了协议，资金全力支持；人才引进绝不干预。

高抗硫平板闸阀 管线球阀

对于产品，杨宇直言虽然百利展发不乏亮点，但系列尚不完整。"比如去年承接的中俄原油二线的平板闸阀，压力和口径都是当时最大的。还有西南油气田项目，当时 420 公斤压力也是业内首屈一指的。"杨宇对此颇为自豪，"接下来在产品高端定位的指导下，要进一步完善产品规格系列化。强化在石油、天然气等重点目标市场的优势所在。"

服务依旧是亮点

虽然百利展发将目标瞄向了高端市场，对于其产品的重视更上一个台阶，但是从杨宇回归后对于公司新的发展定位"新产品加服务、再制造加服务、系统化信息化"不难看出，百利展发对于服务相当看重。

"早期办企业，很多人更看重前端销售，因为这能带来效益，而看轻服务，因为觉得不仅麻烦且费钱。"杨宇分析道，"很显然这种想法是错误的。"据杨总介绍，早期的百利展发能够快速崛起，一方面自然得益于其产品的优秀品质，但是另一个很重要的因素就是其明显优于其他对手的服务。即便是简单的售后问题，百利展发迅速的响应时间、专业的服务水准以及超出预期的增值服务给客户留下了深刻的印象，在那个重产品、轻服务的时期也就不难理解百利展发为何会快速崛起了。

即便现在大家对于服务的需求和理解有了更普遍的认知，百利展发仍然认为"服务依旧是亮点"。因为百利展发早已经将服务的概念从传统的售后往上下游顺延至研发、售前、售中，而服务的范围也并不局限于自己的产品，延伸至相关的维修、检测、运营等整包服务解决方案。

"从传统的产品销售到接下来技术＋服务解决方案的转变是制造业发展的必然趋势。"杨宇说。

未来值得期待

再次回归的杨宇认为，2018年对于百利展发而言将会是至关重要的一年。市场的发展前景毋庸置疑，公司围绕特种平板闸阀和球阀重新布局的定位已准，接下来就是如何高效地推进与践行了。

"如果说2005年百利展发成立是个起点的话，那么2018年将会是其转折点。"近期正在学习企业战略的杨宇表示，"未来三年，百利展发希望能成功进入世界前五大石油公司供应商体系，我们势必要成为中国阀门界的一匹黑马。"

策　　划：杨松岩

责任编辑：周文婷

封面设计：石笑梦

图书在版编目（CIP）数据

寻找中国制造隐形冠军. 通用机械卷 / 魏志强，邱明杰 主编. — 北京：

人民出版社，2018.9

（寻找中国制造隐形冠军丛书）

ISBN 978 - 7 - 01 - 019763 - 0

I.①寻…　II.①魏…　②邱…　III.①机械制造企业 - 介绍 - 中国　IV.① F426.4

中国版本图书馆 CIP 数据核字（2018）第 207581 号

寻找中国制造隐形冠军（通用机械卷）

XUNZHAO ZHONGGUO ZHIZAO YINXING GUANJUN (TONGYONG JIXIE JUAN)

寻找中国制造隐形冠军丛书编委会　编

魏志强　邱明杰　主编

人民出版社 出版发行

（100706　北京市东城区隆福寺街 99 号）

北京盛通印刷股份有限公司印刷　新华书店经销

2018 年 9 月第 1 版　2018 年 9 月北京第 1 次印刷

开本：710 毫米 ×1000 毫米 1/16　印张：18.25

字数：217 千字

ISBN 978 - 7 - 01 - 019763 - 0　定价：68.00 元

邮购地址 100706　北京市东城区隆福寺街 99 号

人民东方图书销售中心　电话（010）65250042　65289539